Josef Haunik

Goethestraße 21
St. Pölten
02742/77942

Josef Harreiter

Ansonsten war ich mit meinem Leben recht zufrieden

Josef Harreiter

geboren 1921 in Frankenfels, aufgewachsen auf dem Schlagerboden in der Gemeinde St. Anton an der Jeßnitz. Bauernknecht, ab 1938 Fabriksarbeiter; 1941 - 1946 Militärdienst und Kriegs-gefangenschaft; Oberbauarbeiter bei der Bundesbahn. 1957 - 1975 Bahnmeister. Seit 1946 mit Leopoldine Kaiser verheiratet; zwei Kinder. In St. Pölten wohnhaft; begeisterter Bahnengolfspieler und Radfahrer.

Bernhard Gamsjäger

geboren 1949, aufgewachsen in Frankenfels. Lehrer; 1981 Promotion zum Dr. phil.; 1983 Theodor Körner-Preis für Wissenschaft und Kunst, 1987 Frankenfelser Häuserbuch, 1989 Kulturpreis des Landes NÖ für Wissenschaft, 1997 Frankenfelser Buch (gemeinsam mit Ernst Langthaler herausgegeben), Fotodokumentationen über „Landschaft – Menschen – Alltag“ (gemeinsam mit dem Fotografen Hans Marsam), Veröffentlichungen zu Siedlungsgeschichte, Bergbau, Volkskultur und Minderheiten; seit 1972 mit Monika Donabaum verheiratet und Vater zweier Töchter, in St. Pölten wohnhaft.

Josef Harreiter

Ansonsten war ich mit meinem Leben recht zufrieden

Bearbeitet, mit Anmerkungen versehen und herausgegeben von Bernhard Gamsjäger

edition WEINVIERTEL

Reihe: Lokalgeschichte

Gedruckt mit Unterstützung von:
Amt der NÖ Landesregierung, Abteilung Kultur und Wissenschaft
Marktgemeinde Frankenfels
Gemeinde St.Anton an der Jeßnitz

1.Auflage 1999

Michael Hans Salvesberger, A 3482 Gösing am Wagram, Hauptstr. 47

Fotos: Bergbauernmuseum Haustein, Frankenfels, Harreiter, Hösl, Lechner, Marsam, Penz, Schwarz

ISBN: 3-901616-16-0

Inhaltsverzeichnis

Vorwort

Bernhard Gamsjäger

Am 19. Februar 1986 besuchte ich Josef und Leopoldine Harreiter in ihrem Haus auf dem Eisberg in St. Pölten. Ich bat sie für mein „Frankenfelser Häuserbuch" um ein altes Foto des Hollensteinhäusls, welches die beiden zwischen 1953 und 1963 besaßen. Bei dieser Gelegenheit begann mir Josef Harreiter aus seiner Kindheit zu erzählen. Besonders beeindruckt war ich von der Geschichte über den „Lippn-Sepp", einen Kalkbrenner. Hätte ich damals das Tonbandgerät bei mir gehabt, diese Erzählung hätte ich festgehalten, so begeistert war ich.

Einige Wochen später ließ mich Harreiter seine in der älteren Mundart des oberen Pielachtales auf Band gesprochenen Erlebnisse mit dem Lippn-Sepp hören. In der Folge besprach er neun Tonbänder mit seinen Lebenserinnerungen, darüber hinaus je zwei Bänder über die bäuerliche Arbeit in den dreißiger Jahren, das Leben der Oberbauarbeiter auf der Mariazellerbahn und der Fuhrleute um 1900 bzw. ein Band über die Holzknechte. 1990 schloß er seine Arbeiten mit einem schriftsprachlichen Manuskript über sein Leben ab (258 A4-Seiten, handgeschrieben).

Harreiters Manuskript gliedert sich in die Abschnitte Kindheit und Jugend, Zweiter Weltkrieg und Nachkriegszeit. Seine Aufzeichnungen werden in diesem Buch vollinhaltlich wiedergegeben, wobei sich meine Arbeit auf Korrekturen grammatikalischer und stilistischer Art sowie den Anmerkungsapparat beschränkt. Die Anmerkungen sind als Erläuterungen gedacht und geben Literaturhinweise. Im Dialekt gehaltene wörtliche Reden werden ohne zusätzliche Zeichen in einer dem Dialekt angepaßten Schreibweise wiedergegeben, einige wenige Sätze sowie die Ortsnamen in russischer und ukrainischer Sprache wurden transkribiert.

Dir, lieber Sepp Harreiter, danke ich, daß Deine Lebensgeschichte dank Deiner minutiös abgefaßten Aufzeichnungen erhalten bleibt und von jedermann/frau nachgelesen werden kann. HS-Prof. Walter Deutsch verdanke ich die Literaturhinweise bezüglich der in diesem Buch erwähnten Lieder. Der Marktgemeinde Frankenfels danken wir für die Möglichkeit der Präsentation des Buches und vor allem für die finanzielle Unterstützung. Für letztere sei auch der Gemeinde St. Anton an der Jeßnitz und der NÖ-Landesregierung, Abteilung „Kultur und Wissenschaft", herzlich gedankt.

Vorwort

Josef Harreiter

Ich wurde am 4. Februar 1921 in einem kleinen Häuschen im Gemeindegebiet von Frankenfels an der Mariazellerbahn in Niederösterreich geboren. Es war eine bewegte Zeit: Arbeitslosigkeit, Not und Parteienstreit gab es in der erst seit ein paar Jahren bestehenden Ersten Republik. Dieser triste Zustand verschärfte sich von Jahr zu Jahr, sodaß die 12- und 14jährigen unserer zehnköpfigen Familie gezwungen waren, sich das Brot bereits selbst zu verdienen. So habe ich beschlossen, mein hartes und entbehrungsreiches Leben als Kind, Jugendlicher und als junger Mann in Krieg und Gefangenschaft schriftlich festzuhalten.

Wie ich sind hunderttausende junge Österreicher vom Deutschen Reich und seinem „großen Führer“ angezogen worden, einem Mann, von dem wir glaubten, daß er uns Arbeit, Wohlstand und eine sichere Zukunft bringe und wir der bitteren Armut eines Tages den Rücken zeigen könnten. Der Wohlstand war kurz, lange hingegen der folgende grausame Krieg, der uns alle betraf. Ich möchte, daß die heutige Jugend davon erfährt, um sich nicht durch eine neuerliche Hetzpropaganda irreführen zu lassen. Die Menschen sollten wahre Befürworter der Demokratie sein und bleiben und zur völkerverbindenden Europäischen Union stehen, dann wird sich der Völkerhaß von damals nie mehr wiederholen.

Kindheit und Jugend

Als ich noch klein und jung war

Als mein Vater[1] in Maria Seesal in der niederösterreichischen Gemeinde Ybbsitz zum jungen Mann heranwuchs, mußte er ab seinem 14. Lebensjahr bei seinem Taufpaten ohne Lohn als Pferdekutscher arbeiten. Als 21jähriger beschloß er mit seinem Freund im Jahre 1907, nach Mariazell zu gehen und dort eine Arbeit zu suchen, für die sie auch bezahlt würden. Sie hatten gehört, daß eine Eisenbahnlinie von St. Pölten bis Mariazell eröffnet worden sei.[2] Da die Strecke viele Reisende in den Wallfahrtsort brachte, benötigte man in den Hotels zusätzlich Hausknechte und Lohndiener. Ursprünglich wollten die beiden über Pfaffenschlag und Langau zu Fuß nach Mariazell, stellten aber dann fest, sie hätten genug Geld, um bis Neubruck im Erlauftal mit dem Zug fahren zu können. Nun lag ein Fußmarsch von neun Kilometern vor ihnen, ab Winterbach wollten sie dann mit der Mariazellerbahn weiterfahren. Sie hatten aber Glück, weil der Roßknecht des Sägewerkes Buder aus Puchenstuben „midn gringa Zeig", dem sogenannten Steirerwagen[3], da war und die beiden „aufsitzen" ließ, also mitnahm. Während der Fahrt nach Winterbach erzählten sie ihm, daß sie Arbeit suchten. „Es brauchts ned af Mariazö foahn, es kinnts ba uns in Puachastubm a oawatn!", gab ihnen der Knecht zur Antwort – und die zwei Burschen nahmen sein Angebot an. Mein Vater arbeitete dann als Fuhrmann beim Sägewerk Buder, in den letzten Jahren vor dem Ersten Weltkrieg als Roßknecht beim Frankenfelser Gasthaus Schafhuber, der Taverne am Steg.

1914 wurde Vater mit einem „ledigen Kind" überrascht. Mit dem Alimentezahlen war er von Anfang an etwas schlampig, schließlich mußte er einrücken. Gleich nach dem Krieg fuhr er beim Kreuztannenwirt in Winterbach mit dem Stellwagen[4], der vor allem dem Personentransport von und zur nächsten Bahnstation diente. Meine Mutter[5] kam 1895 in Gstettenhof zwischen Türnitz und Annaberg zur Welt. Auch sie mußte schon mit 14 Jahren in den Dienst gehen und war „lange Jahre" beim Ortbauern im Lassingtal beschäftigt. Die Kost war dort nicht besonders gut, man kochte dreierlei Essen, wobei die Dienstboten das schlechteste bekamen. Als die Mutter einmal die Dienstbotensuppe zum Tisch tragen wollte, nahm ihr der Meisterknecht die Schüssel aus der Hand und warf sie auf den Fußboden. „So hiatzt gehri, af da Stö, und du gehst mit", meinte er zu meiner Mutter, „für di hob i in Sautoi draußt an Plotz!" Während des Ersten Weltkrieges war sie dann beim Beribauern im Sautal[6] in der Gemeinde Puchenstuben als „Dirn" im Dienst. Nach dem Krieg erfuhr sie eines Tages beim Kirchengehen, daß beim Kreuztannenwirt in Winterbach ein Kellnerin gebraucht würde. Kellnerin zu sein, war schon lange ihr Wunsch gewesen, und sie war froh, hier unterzukommen, weil sie seit drei Jahren ein „lediges" Mädchen, die Minna, hatte. Während meine Mutter mit mir schwanger war, heirateten meine Eltern im September 1920.

Nach der Hochzeit zogen sie gleich in das heutige Teubenbacherhäusl in Boding in der Gemeinde Frankenfels, das sie von der Besitzerin Maria Sperr, vulgo „Schneider Marie", in Pacht hatten.[7] Hier wurde ich am 4. Februar 1921 geboren. Noch in diesem Jahr starb die Verpächterin, und die neuen Hausbesitzer zwangen meine Eltern zum Ausziehen. Sie borgten sich vom benachbarten Lichtensteger Ochsen und einen Leiterwagen und übersiedelten in das Wintereckhäusl auf den Schlagerboden[8], Gemeinde St. Anton an der Jeßnitz. Dieser hölzerne Bau war früher der Getreidekasten des Laubenbachers, eines benachbarten Bauern, gewesen und hatte nur einen Raum. Mein Vater zimmerte aus Schwartlingen einen Vorraum und einen Unterstand für ein Schwein und ein paar Ziegen.[9]

Wie weit ich mich an meine Kindheit zurückerinnern kann, kann ich nicht genau sagen, ganz dunkel jedenfalls an das Jahr 1925. In diesem Jahr wurde beim Laubenbacher eine Wagenhütte gebaut, die Jahreszahl ist oben auf dem Tor eingestemmt. Ich erinnere mich deshalb, weil mich damals die Zimmerleute in die

Hobelbank einschraubten. Ich werde halt ein kleiner Lausbub gewesen sein! Einer der Männer hielt mich hoch und der andere drehte zu. Als ich den Druck verspürte, begann ich herumzuschlagen. Nachdem sie mich wieder losgelassen hatten, schimpfte ich und „war dahin wie ein frischkastrierter Hund". Dunkel erinnern kann ich mich auch daran, wenn meine Eltern stritten. Das war meistens dann der Fall, wenn der Vater von der Arbeit heimkam, einen Schwips hatte und zuwenig Geld nachhause brachte; schließlich hatte er Lohnabzüge für sein uneheliches Kind. Ob meine Mutter von ihrem Kindesvater auch Alimente bekam, kann ich nicht sagen.

Inzwischen war unsere Familie auf sieben Personen angewachsen, die Eltern und fünf Kinder. Erinnern kann ich mich an einen Tag im Sommer 1927, an dem unser kleinster Bruder mit 15 Monaten „mitn Hintern ins hoaße Sausuppnhäfa" fiel und fürchterlich schrie. Mutter bettete ihn gleich auf das kleine Leiterwagerl und zog ihn „die mehr als sechs Kilometer" zum Doktor nach Frankenfels, zuerst über den steinigen und steilen Waldweg, dann auf der staubigen Landstraße. Vier bis fünf Stunden war sie unterwegs, und das jeden zweiten Tag zwei Wochen lang. Wir warteten schon immer auf sie, wenn sie nachhause kam, denn wenn wir brav gewesen waren, bekamen wir ein Stück Brot.

Eines Tages kam ein „feiner Herr" und erkundigte sich nach unserer Mutter. Wir sagten ihm, sie sei beim Doktor in Frankenfels. Er bleibe so lange, bis sie nachhause komme, meinte der Unbekannte. Wir hatten so viel Respekt vor diesem Herrn, daß wir uns gar nicht zu mucksen getrauten. Als die Mutter kam und diesen Mann sitzen sah, rief sie sogleich: „Kinda, gehts aussi!" Wir gehorchten und hörten draußen den lauten Disput der beiden. Es war der Exekutor, der Gerichtsvollzieher, der für Vaters ausstehende Alimentationszahlungen ein Schwein pfändete. Das Ferkel wäre halt für Weihnachten gedacht gewesen! Als ich mich am nächsten Tag mit dem kleinen Leiterwagerl vor dem Fenster spielte, hörte ich, wie meine Mutter drinnen zur älteren Schwester sagte: „Brauchts koa Aungst hobm, se tand eng eh nix, und zan Essn gebns eng a wos. I sogs nur dir, wei du woast scho zehn Johr oit!" Ich war noch zu dumm und wußte nicht, was Mutter damit meinte.

Ein paar Tage später weckte sie meine drei Schwestern und mich zugleich auf, dann brachte sie den kleinen Bruder „mit dem verbrannten Hintern" zur Nachbarin. Mit uns ging sie nach Laubenbachmühle zur Bahn, und wir fuhren „mit dem Zug" nach Kirchberg an der Pielach. Dort gingen wir „in so ein Amtsgebäude"[10]. Die Mutter ließ uns auf dem Gang stehen, betrat ein Zimmer und sagte: „Do hobts meine Kinda bevors vahungern, i kaun eahna nix mehr gebn!" – und verschwand.[11] Da kam eine Frau, recht aufgeregt war sie, und forderte uns auf, zu unserer Mutter zu gehen, doch die war nicht mehr auffindbar. Dann saßen wir lange ganz ruhig in diesem Gang auf einer Bank, bis die Frau wieder kam. Sie gab jedem eine Semmel mit ein paar Scheiben Wurst und in einem Glas etwas zu trinken. Dann ging sie wieder, wir vier saßen weiterhin schweigsam auf der Bank. Nach einer Weile kam sie wieder und meinte: „Kommt Kinder, wir gehen zum Bahnhof!" Diese Frau fuhr mit uns nach St. Pölten und dann über Pöchlarn nach Scheibbs. Dort brachte sie uns ins Armenhaus und ließ uns allein zurück. Unsere ältere Schwester weinte, denn wir hatten die Frau gerne gemocht, weil sie die kleinere Schwester beim Zugfahren auf den Schoß und uns öfter bei der Hand genommen hatte.

Sicher eine Woche verbrachten wir im Armenhaus. Uns ging es nicht schlecht, wir bekamen unser Essen und durften im Hof unten spielen. Eines Tages brachte uns eine andere Frau wieder zu den Eltern heim. Da fuhren wir von Scheibbs bis Winterbach mit dem Postautobus. Dabei waren wir schon gesprächig. Wir lachten, wenn wir beim Fahren durch die Schlaglöcher vom Bus geschubst wurden. Unsere Mutter hatte mit dieser Aktion gleich zwei Fliegen auf einen Schlag getroffen. Mehr als eine Woche mußte sie vier hungrige Mäuler nicht füttern, und das Schwein wurde auch nicht geholt. Grantig und böse war sie schon oft, und wir bekamen die Birkenrute – „d' Spießlies", wie sie die Mutter nannte – oft auf unserem Kopf und Rücken zu spüren.

Ich war halt viel mit meinen Freunden beisammen, die mir als Bauernbuben auch bisweilen zu spüren gaben, daß ich ein armer Häuslbub war. Gerne hielten wir uns in der Hofstattmühle und in der Grubmühle auf. Vor diesen beiden

Bauernmühlen[12] war ein Teich, in dem viele Kleintiere lebten, die uns interessierten, und an den sonnigen Gstetten daneben waren die Grillen zuhause. Wenn abends die Frösche ein Konzert gaben, war es am nächsten Tag bestimmt schön.

Zu den Vogelkirschbäumen gingen wir oft nachschauen, bis sie reif wurden. Solche Bäume hatten die Bauern damals genug. Von diesem Zeitpunkt an war in der Natur bis zum Spätherbst immer „ein wenig was Eßbares“ zu finden. Da ließen mich meine Freunde, die Bauernbuben, mithalten. Wenn es viele Walderdbeeren, Brombeeren und Himbeeren gab, pflückten meine Schwester und ich fleißig und trugen sie nach Winterbach zum Verkauf. Ab den „Nagawitzbirnen“[13] brach die Obstreife bis zum Herbst nicht mehr ab. So lebten wir von dem, was uns die Natur gab, und blieben gesund dabei. Ich erinnere mich nicht, daß eines meiner Geschwister einmal ernstlich krank war oder in ein Krankenhaus hätte müssen. Wenn wir zu essen hatten, waren wir die glücklichsten Kinder. Bei uns oben gab es noch keine Straße und auch sonst keine Gefahren. Die ganze schöne Natur gehörte uns. Wenn es Bohnen und Erdäpfel gab, machte unsere Mutter zu Mittag einen großen Topf Bohnensuppe mit Erdäpfeln, und wir waren froh, daß wir uns sattessen konnten. Nach der Gerstenernte durften wir auf den Feldern der Bauern die übriggebliebenen Ähren sammeln. Aus ihnen schlugen wir das Korn heraus und bliesen die Spreu weg. Die Mutter röstete die Körner in einer gußeisernen Pfanne, mahlte sie mit der Kaffeemühle und gab etwas Feigenkaffee dazu. Mit Ziegenmilch und dem Süßstoff Saccharin stellte sie den guten, billigen Kaffee her, den wir jeden Morgen zu trinken bekamen.[14]

Vom Klammergraben bei Plankenstein kommend, kam bei uns regelmäßig ein älteres Ehepaar, die „Oafrogna-Schagerlleut“[15], vorbei. Von ihnen zuhause bis Winterbach hatten sie zwei Stunden Gehzeit zurückzulegen. Beide trugen einen Korb auf dem Rücken und einen in der Hand, worinnen sich Eier und Schafkäse befanden. Tief gebückt, „gaunz af da Nosn“, kamen sie daher. Von Winterbach fuhren sie mit der Bahn nach Mariazell, um dort ihre Ware zu verkaufen. Wenn wir Kinder sie kamen sahen, liefen wir ihnen entgegen und halfen beim Tragen. Dafür bekamen wir ein paar Eier oder Schafkäse, die sie uns allerdings erst auf dem Rückweg aushändigten, wenn sie nicht alles verkauft hatten.

Gefreut habe ich mich auch, wenn mich die Bauern zum Almauftrieb auf Hochbärneck oder Robitzstein „brauchen konnten".[16] Das waren schöne Tage für mich. Auf der Alm angelangt, durfte ich dann das Gras aus den Glocken reißen, denn beim Auftrieb mußten sie „stumm" sein. Anschließend wurden die Tiere von mir „mit vollem Geläute" zum übrigen Vieh getrieben. Beim Nachhausegehen bekam ich auch schon eine kleine Viehkette über die Brust gehängt, und im Gasthaus kehrten wir ein.

Die Zeit blieb nicht stehen. Im Alter von sieben Jahren mußte ich dem Vater mit der Bogensäge Brennholz schneiden helfen. Meist waren das Prügel von Haselnußstöcken, die er bei den Bauern im Wald und auf den Steinhaufen hatte abhacken dürfen. Mit diesem Holz heizte und kochte die Mutter das ganze Jahr hindurch. Das Wasser holten wir von der „Grubbauernmühllucka", das war ganz schön weit zum Herauftragen. Zum Pritscheln und Bodenausreiben verwendeten wir Regenwasser. Dazu hackte der Vater aus einem Rundling eine Dachrinne aus und fing damit das Dachwasser in einem alten Bottich auf. Am Abend saßen wir Kinder oft lange „wie die Geister" im Dunkeln, bis die Mutter die Petroleumlampe anzündete. Im Ziegenstall hatte sie eine kleine Laterne mit einer Kerze.

Im September 1928 fing ich zum Schulgehen an, am 1. Dezember dieses Jahres brachte die Mutter wieder ein kleines Mädchen zur Welt. Wie wir alle wurde es bei uns daheim geboren. Uns schickte sie zur Nachbarin mit der Mitteilung, daß sie krank sei. Natürlich mußte ihr die Nachbarin behilflich sein, die „Hebamme spielen". Es folgte ein strenger Winter. Meine Schwester Minna und ich gingen nach St. Anton an der Jeßnitz in die Schule.[17] Bis zu den Höfen Ober- und Untergruben mußten wir bergauf durch den tiefen Schnee waten, dann ging es hinunter in den Ortgraben bis Kniebichl, anschließend die Straße entlang bis in den Ort St. Anton. Bereits um sechs Uhr morgens trafen wir uns beim Bauern „in der Hofstatt" mit den anderen Schulkindern, die Älteren – unter anderem meine Schwester – mußten „Pfad machen". Wir gingen nur jeden zweiten Tag zur Schule, Dienstag, Donnerstag und Samstag waren „Rasttage". Wir hatten allerdings Nachmittagsunterricht, und es war im Winter immer stockfinster, wenn wir nachhause kamen. Ein Erwachsener brauchte für diesen Weg im Sommer ungefähr eineinhalb Stunden. Zum Essen hatten wir für den ganzen Tag nur ein Stück Brot mit. Von den Bauernbuben bekam ich Brot, wenn ich ihnen ihre Schultasche auf dem weiten Weg heimtrug.

Aber auch der Winter ging vorbei. Im Frühjahr teilte mir die Mutter mit, daß mich der Bichlbauer zum Ochsenweisen brauche. Pro Tag sollte ich neben der Kost einen Schilling bekommen. Das Essen war beim Bichlbauern wirklich gut, und so ging ich an den schulfreien Tagen Ochsen weisen. Das war mein erstes selbstverdientes Geld, die Hälfte hatte ich allerdings für Schulhefte auszugeben, der Rest blieb mir. Im Sommer darauf verdiente ich auch ein paar Schilling, weil ich mit zwei Freunden beim Kalkofen im Laubenbachgraben arbeitete. Der neben der Straße zwischen dem Gasthaus Gabauer und der Schädelhütte liegende Ofen gehörte dem Hollensteiner auf dem Schlagerboden, der immer ein wenig Kalk brennen ließ.[18]

Wir drei Buben, „da Schneider-Sepp, der Labmbo-Lois und i", gingen gern hinunter, überhaupt wenn der Hollensteiner den Lippn-Sepp zum Kalkbrennen genommen hatte. Der bereits über achtzig Jahre alte Mann lebte nur von Gelegenheitsarbeiten. Die Leute hatten ihn gern, weil er immer lustig war und keinem Menschen etwas zuleide tat. Wir Buben halfen ihm beim Einsetzen der aus dem Felsen gebrochenen Steine und dem Verschmieren der Kuppel mit Lehm. 60 bis 70 Stunden heizte er dann mit Fichtenscheitern, bis aus den eingesetzten Steinen Kalk wurde. Wir gingen bei dieser Arbeit auf dem scharfkantigen Schutt barfuß umher. Der Lippn-Sepp war im Ofen drinnen, und wir mußten ihm die Steine nach Verlangen bringen. „Hiatzt bringst ma oan wia mei Kopf und nocha oan wia dei Schädl, und du Loisl bringst ma oan, der derf ned größer sei wira Krauthappe und ned kleana wira Kletzn![19] Dort liegt oana, der kunnts a toa!", so schaffte uns der Mann das „Zureichen", das Herbeischaffen der Steine.

Abb. 1: Auf dem Schulweg im Ortgraben - 1. Reihe (v.ln.r.): Josef Riedl, Franz Schagerl, Josef Harreiter, Johann Rottensteiner; 2. Reihe: Johann Hösl, Leopold Pieber, Johann Fuxsteiner, Josef Fuxsteiner; 1931 (Slg. Hösl).

Bei dieser Arbeit hatten wir oft blaugedrückte Fingernägel, und unsere Zehen bluteten. Doch das machte uns nichts aus, weil wir ja beim Jausnen auf seinem Bett sitzen durften. Sein Bett, da hatte er die Lehmgstetten etwas abgegraben, zwei Pflöcke eingeschlagen, ein Brett aufgestellt, Stroh hinein getan und einen Roßkotzen darübergelegt. Als Kopfkissen nahm er einen mit Heu gefüllten Sack. Wir freuten uns, wenn wir die alte Hollensteinmutter mit der Jause kommen sahen. Appetit war bei uns immer vorhanden! Wir fühlten uns wie richtige Männer, wenn wir das geselchte Fleisch, das Brot und das Messer zugleich in die Hände nahmen und alle vier aus dem blaugeringelten Mostkrug tranken. Unsere Hände sollten auch schon grob und arbeitsmäßig aussehen.

Ich erinnere mich noch genau an einen schönen Sommertag des Jahres 1929, es war ein Donnerstag. Der Lippn-Sepp hatte seinen Kalkofen in Betrieb, und wir waren auf dem Weg dorthin. Bei der Schädelhütte warteten wir auf den Traunfellner-Bäck, der jeden Donnerstag mit so einem „Zeisslwagerl"[20] von Scheibbs kam und sein Brot und Gebäck „ausgreißelte". Da uns die Semmeln so gut schmeckten, warteten wir, bis er umgedreht hatte. Waren ihm noch welche übriggeblieben, handelten wir. Das hatten wir von den Bauern und den Viehhändlern gelernt. Acht Groschen verlangte der Bäcker für eine Semmel, einmal drückten wir den Preis auf fünf Groschen herunter. Als wir anschließend zum Kalkofen kamen, trug der Lippn-Sepp gerade Scheiter herbei; ein ganzes Wegerl hatten seine genagelten Schuhe schon ausgetreten. Er freute sich, als er uns sah, nahm seinen Tabaksbeutel aus dem Hosenriemen und schob mit zwei Fingern und dem Daumen den Tabak in seinen Mund. Geraucht hat er nichts, aber „gematschkert"[21] sehr viel! Im Ofen brannte es bereits lichterloh, allmählich wurde es finster und die Lehmkuppel begann zu leuchten. Der alte Sepp hob mit einem Eisenhaken die Blechtafel vom Ofenloch weg, und seine sehnigen Hände steckten ein Scheit nach dem anderen hinein.

Mit Spannung warteten wir darauf, bis er sich zu uns setzte und Gruselgeschichten erzählte. Am liebsten berichtete er, wie er als Einundzwanzigjähriger 1866 bei Königgrätz gegen die Preußen gekämpft hatte. Diese Schlacht hatte er schon so oft erwähnt, und wir zweifelten, ob alles wahr war. Dennoch hörten wir ihm immer gern zu. „Hiatzt is wieda gmua für a Stund!", sagte er zufrieden und hob die Blechtafel vor das Ofenloch. Weil er wußte, daß wir schon warteten, und wußte, daß wir durch den stockfinsteren Wald des „Wintereckhaldls"[22] heimgehen mußten, meinte er zu uns gewendet: „I bin vor goa ned so launga Zeit, no jo, etla Jahrl wirds scho her sei, va do in da Nocht amoi in d' Fongrua[23] auffigaunga. Und wiri ban Bodn in Wintereckhaldl einigeh, hör i va obm wen dahergeh. I bleib steh, i lous und schau, wei i a so a komische Figur nou nia gsegn hob. Sei eiserna Steckaspitz hot a af de Stoa a so daherklunga, schiach woa des, hobs oba in da Dunkelheit ned recht ausnehma kina. I hob mi goa ned z' rührn traut, wei de Gstoit oiwei weida zuwakema is. Af oamoi kimda gaunz nebn mia hintara Feichtn vira. Mia rennts koid iban Bugl, wiri siach, is des a Maun ohne Schädl. Und glei wieda is a zwischn de Bam vaschwundn."[24]

Wir blieben ganz ruhig sitzen und sahen uns gegenseitig verdutzt an. Nur das Feuer des Ofens hörten wir brennen, und die aufsteigende warme Luft bewegte die Äste der Bäume leicht. Ich sah gerade einem Leuchtkäfer zu, der zick-zack über uns flog, als Loisl dem Lippn-Sepp eine Frage stellte. Er war der Sprecher unserer Gruppe: Woher er komme und wo er war, als er klein war? „Jo Buam, des is a traurige Gschicht, de muaß i eng a nou dazöin, und wiris hiatzt sog, a so is woahr. I bin in Tirnitz af d' Wöd kema. Mei Muatta wor a oame Baundirn, und ois ledichn Buam hods mi ba jeda Oabat midnehma miassn, in Stall, am Föd und hoid übaroi. Und oamoi hods za mia gsogt: 'Heind af d' Nochd gema za dein Gedn af Schwoaznboch! Legn mar uns oba schön woam aun, wei die Nochd wiad küh.' Und wias finsta woan is, sama fortgaunga. Mia gengan und gengan durch a so a Woidwegl. I hob mi scho gfiacht, weis goa nix gred hot mit mia. I hätts gern amoi ba da Haund gnauma, hods gsogt: 'Bleib hint, des Wegl is vü z' schmoi zan Nebmanaundagehn!' I hob mi nochdem nua ba ihrn Kittl a weng aunghengt. Af oamoi bleibts stehn und sogt: 'Du, mia haumd uns oag vagaunga, sitz di do af de Bamwuazn, und i geh und suach den richtign Weg, und waun in gfundn hob, hol i di wieda.' Sie is oba nimma kemma." „Jo wo is denn hingaunga?", fragte Loisl. „I woaß nid, i hobs nie mehr gsegn. I hob a so a Aungst ghobt, i hob gread und hob bet, oba d' Muatta is nimma kemma. Wias liacht woan is, bin i weidagaunga, oba i woaß nid, wohin. Und do hob i an Baun Strarecha[25] gsegn und den hob i des dazöid. Und ba den Baun hob i nochdem goawat, bis mi da junge Kaiser Franz Josef za de Soidotn ghoit hot."

Wortlos blieben wir noch eine Zeitlang sitzen, denn was er uns erzählt hatte, der Lippn-Sepp, das war uns fast zu viel. Dann wünschten wir eine „gute Nacht" und waren dahin. Ich war der Kleinste, hatte in der Ferse einen Dorn stecken und hüpfte hinten nach. Nur die nackten Wadel meiner Kameraden sah ich in der Dunkelheit vor mir. Als wir in das Wintereckhaldl hineinliefen, fürchteten wir uns alle, doch gab das keiner zu. „Nau, heind woast oba laung aus!", schimpfte die Mutter grantig, als sie mir die Haustür aufsperrte. Der Vater war damals gerade in Annaberg auf Arbeit, und ich bat die Mutter, ob ich neben ihr in seinem Bett schlafen dürfe, nicht im Vorhaus. „Derfst eh", gab sie zur Antwort, „hod eich leicht da Lippn-Sepp wieder rechte Raubasgschichtn dazöid, daß di fiachst?" Ich konnte dann wirklich länger nicht einschlafen. Vom Hofstatt-Teich hörte man die Frösche, aber sonst war es ganz ruhig. Ich war mit meinem Daheim so zufrieden, und wenn mir jemand das Paradies versprochen hätte, ich wäre von da nicht fortgegangen.

Am nächsten Tag sah die Welt schon wieder ganz anders aus. Als ich aufwachte, war die Sonne schon hoch am Himmel und wieder der schönste Sommertag. Die Menschen arbeiteten bereits auf den Feldern. Am Nachmittag standen die beiden Buben wieder vor der Tür und fragten, ob ich mitginge zum Kalkofen hinunter. Im darauffolgenden Winter starb der Lippn-Sepp, er wurde in seiner hölzernen Köhlerhütte tot aufgefunden. Gottseidank hatte er nicht leiden müssen. Wie man sagt: Wie der Mensch lebt, so stirbt er! Zeit seines Lebens war er genügsam gewesen. Wir Buben aber vermißten den alten Mann.

Nach Neujahr 1930 schickte unsere Großmutter aus Tradigist Geld mit der Einladung, daß wir Kinder zu ihr auf Besuch fahren sollten und die kleine Schwester mit fünf Jahren ein paar Wochen bei ihr bleiben dürfe. An einem Sonntag, einem strengen Wintertag, ging der Vater mit uns nach Laubenbachmühle und kaufte die Fahrkarten bis Tradigist und zurück. Unserer dreizehnjährigen Schwester Minna mußten wir auf dieser Reise gehorchen. Wir hatten uns darauf schon so gefreut, daß wir die letzte Nacht gar nicht gut schlafen konnten. Die Mutter hatte Minna einen Zettel mitgegeben, auf dem die einzelnen Bahnstationen geschrieben standen. Auf der Fahrt strich sie jede erreichte Station durch, und glücklich stiegen wir in Tradigist aus. Doch da nahmen wir den falschen Weg und gingen nach Kirchberg zurück. Unsere Großeltern aber wohnten im Ort Tradigist, einige Kilometer vom Bahnhof entfernt. Wir kannten uns nicht aus. Die kleine Schwester fürchtete sich vor den Faschingsnarren, die uns begegneten, und das Gehen in der Kälte behagte ihr auch nicht. Fortwährend jammerte sie: „I mecht za da Muatta hoam, i mecht za da Muatta hoam!“ Schließlich fragten wir eine Frau, wo unsere Großmutter wohne. „Jo wia hoaßt denn einga Großmuatta?“ – Minna wußte, wie die Großeltern hießen, wir Kleinen aber nicht. Für uns waren sie Großmutter und Großvater! Unsere ältere Schwester meinte, daß vom Bahnhof eine Strecke zu gehen sei, wir aber seien ohnehin schon lange unterwegs. Schließlich bekam die Frau heraus, wohin wir wollten, und zeichnete uns den richtigen Weg auf Minnas Zettel auf. Dann hatten wir noch fast sechs Kilometer zu gehen.

Freilich hätte uns der Großvater vom Zug abholen können, weil unsere Mutter geschrieben hatte, wann wir kommen, aber er tat es nicht. Die Großmutter hingegen war schon recht schlecht auf den Beinen, und wir fanden letztendlich auch so hin. Großvater war ein rechter Griesgram. Die Mutter hatte oft erzählt, daß bei ihnen acht Mädchen und zwei Buben waren, aber ihr Vater habe sie kein einziges Mal auf den Schoß genommen. Unsere kleine Schwester wollte jedoch nicht bei den Großeltern bleiben und begann bitterlich zu weinen, als wir zum Zug gingen. Den Großvater mochte sie überhaupt nicht. Was blieb uns übrig, wir mußten sie wieder mit nachhause nehmen.

Als wir auf dem Bahnhof Tradigist ankamen, war es schon stockfinster. So stiegen wir gleich in den ersten Zug ein, der kam, doch der fuhr in Richtung St.

Pölten. Darauf machte uns der Schaffner aufmerksam, hieß uns in Steinklamm aussteigen und fügte hinzu: „Do bleibts stehn und in nächstn Zug, der kimmd, steigts wieda ein!“ In Laubenbachmühle erwartete uns bereits der Vater, und wir waren froh, wieder zuhause zu sein.

Unser Vater war nicht so; er tollte mit uns herum, setzte uns aufs Knie und „schupfte“ uns. Er schlug uns nicht und war auch zu seiner Stieftochter Minna recht gut, auch sie mochte ihn. Gern brachte er ein Schwipserl heim, das war sein einziges Vergnügen. Wurde bei einem Bauern Schnaps gebrannt, da hatte er eine gute Nase. Gleich fand er einen Grund zum Hingehen, ansonsten konnte er sich nur einen Most leisten. Die Mutter schimpfte immer, wenn er angeheitert heimkam. „Daß du des grausliche Gschloda oiwei saufa mogst, daß da ned graust. Waun i des Gsäuf scho siach, kunnt i e scho speibm, und du schüttst das literweis in dei Gurgl eini!“ Das brachte ihn überhaupt nicht aus der Ruhe, und dann hörte auch die Mutter zum Nörgeln auf. Doch das muß man ihr lassen, sie sorgte für ihn, und zusammengeräumt war auch immer.

Im Sommer ging der Vater oft vor der Arbeit um drei Uhr früh Ziegenfutter mähen. Auf dem Hof Fahrngrub[26] durfte er die „Auniwanta“[27], die Feldränder, mähen. Die Mutter hatte das Gemähte dann untertags heimzuarbeiten. Vor dem Arbeitgehen machte sie dem Vater gewöhnlich eine Pfanne Eiersterz, wozu er ein Häferl schwarzen Kaffee trank. Die Milch war uns Kindern vorbehalten. Obwohl wir noch im Bett waren, vergaß er nicht und ließ uns auch einen Sterz übrig. Die Mutter teilte den Sterzrest in gleichgroße Portionen, damit es unter uns ja zu keinem Streit kam.

Im Herbst 1930 wurde unsere Schwester Minna vierzehn Jahre alt, im Sommer davor war sie zum Bichlbauern[28] gekommen, ein recht christliches Bauernhaus mit alten und jungen Bauernleuten und ein paar Dienstboten. Gesprochen wurde ganz wenig, und wenn, dann nur von der Arbeit. Die Meisterdirn sekkierte Minna immer, ansonsten kannte das Mädchen nur Arbeiten, Beten und

Kirchengehen. In den wenigen freien Stunden am Sonntagnachmittag mußte sie ihre Lumpen flicken. Eines Tages, nach einem Jahr, war Minna nicht mehr da, sie war spurlos verschwunden. Tagelang suchten wir nach ihr. Nach fast einer Woche zwang sie der Durst hervorzukommen; sie hatte sich in der Hütte zwischen Bretterwand und Streu versteckt gehalten. Der Mutter war aufgefallen, daß das Mädchen keinen Frohsinn zeigte und das Lachen ganz verlernt hatte. Später kam sie zum Rieglbauern oberhalb Neubruck, dort war es wie hundert und eins. Die Bauersleute nahmen Minna wie ihr eigenes Kind auf, und sie lebte wieder auf. Zur schweren Arbeit waren die beiden Söhne Leopold und Franz da. Letzterer heiratete dann Minna 1938, kam aber leider aus Rußland nicht mehr zurück.

„In da Fohngrua" – so sagt man bei uns zum Bauernhof Fahrngrub – war ich gerne. Dort gab es viele Kinder, allerdings bis auf einen Buben nur Mädchen. Die Fahrngrubleute waren recht gesellig und konnten gut singen, zu ihnen gingen alle gern. Sie hätten ihr Letztes gegeben, obwohl es ihnen auch nicht so gut ging. Meine Eltern hatten dort ein Stück Grund gepachtet und daraus einen Gemüsegarten gemacht. Erdäpfel konnten sie ebenfalls anbauen, als Gegenleistung halfen sie beim „Schneiden und Habern", der Roggen- und Haferernte, und dann im Herbst beim Dreschen.[29]

Inzwischen war bei uns wieder ein kleiner Bruder zur Welt gekommen. Im Sommer konnte der Vater bei der Neulage der Mariazellerbahn zwischen Winterbach und Puchenstuben Arbeit finden. Auch im darauffolgenden Winter konnten wir so halbwegs leben, weil Vater das Arbeitslosengeld bekam. Doch dann wurde es immer schlechter, im Frühjahr 1932 bezog er nur mehr „den Notstand"[30]. Die Mutter half im Sommer wieder bei den Bauern. Vater getraute sich nicht zu arbeiten, weil den Beziehern einer Notstandsunterstützung jegliche Erwerbstätigkeit verboten war. So mußte sich die Mutter über die Hausarbeit hinaus auch noch recht plagen.

Ich wurde beim Getreideschnitt zum Zusammentragen der Garben gebraucht. In diesem Jahr hatte der Fahrngruber sein „Troad"[31] im Unterfeld angebaut. Die

Abb. 2: Arbeiter im Jahre 1931 bei der Neulage der Bahn zwischen Winterbach und Puchenstuben - Vater Franz Harreiter (dritter von links), rechts vorne Bahnrichter Stephan Mitterauer als Bauaufsicht (Slg. Harreiter).

Abb. 3: Erstkommunion mit Pfarrer Josef Leitner - Josef Harreiter (2. Reihe, vierter von rechts); 1932 (Slg. Harreiter).

Schnitter kamen gleich auf dem Feld zusammen. Bei jedem der vier Mäher arbeiteten zwei Frauen, die das Getreide aufhoben und zu Garben legten, und ein Mann, der die Garben mit den von einer der Frauen vorbereiteten Strohbändern zusammenband. Ich freute mich schon lange auf diesen Schnittersamstag, vor allem auf das gute Essen. Um elf Uhr wurde mit der Arbeit begonnen, um zwei Uhr nachmittag gab es die erste und um fünf Uhr die zweite Jause, das Nachtmahl um acht Uhr abends. Vor Beginn des Schneidens hörten wir die Reitbauernbuben von der Fahrngrubhöhe das Lied „Do moch mas hoid af oimarisch gschwind“[32] singen. Ich lief ihnen gleich entgegen und sah, wie der Reitbauern-Florian eine Sense und einen Rucksack trug. Darin befand sich eine Steirische Harmonika für den Schnittertanz am Abend, und ich durfte den Rucksack ins Bauernhaus Fahrngrub tragen. Dann lief ich gleich aufs Feld. Als es dunkel wurde, waren wir mit der Arbeit fertig. Zum Abschluß sangen die Reitbauernbuben einen Jodler. Vom Bichlberg her hörte man das Echo, und die Nebelhaut des Hofstatt-Teichs verschwand durch die zunehmende Dunkelheit.

Vor dem Nachtmahl mußten die Aufheberinnen den Mähern den Rücken waschen. Daß das „ein Theater war“, kann man sich vorstellen. Zum Tanzen nach dem Essen kamen noch Leute, die nicht beim Schnitt geholfen hatten, sodaß das Vorhaus mit Menschen gefüllt war. Ich stand neben dem Harmonikaspieler. Mit Ausnahme der älteren Männer, die in der Stube beim Tisch saßen und plauderten, tanzten alle. Meine Mutter hatte der Bäuerin beim Kochen geholfen, mein Vater war am Abend auch nachgekommen.

Der nächste Tag war für mich wieder ein Freudentag: Kirtag in Frankenfels! Da gingen wir Buben immer hin, zwei Schilling hatte ich von zuhause mitbekommen. Der Scheibbser Zuckerbäcker Janda hatte seinen Stand unter der großen Linde neben dem Gasthaus Schweighofer[33]. Seine „Bäckerei“ kauften wir gerne, weil sie immer ganz frisch war. Blieb uns Geld übrig, erstanden wir ein Pfeiferl, einen Kapselpracker oder sonst etwas. Wenn dann im ersten Stock des Gasthauses Schafhuber[34] die Blechmusik zum Kirtagstanz zu spielen begann, horchten wir und

Abb. 4: Getreideernte auf dem Hof Untergruben; 1937 (Slg. Harreiter).

schauten von der Straße hinauf, bis wir die ersten Paare an den offenen Fenstern vorbeitanzen sahen. Dann gingen wir wieder heim. Das waren für mich ein schöner Samstag und ein schöner Sonntag gewesen.

Obwohl ich erst elfeinhalb Jahre alt war, mußte ich am Montag wieder mit dem Vater in den Holzschlag gehen. Er hatte nämlich zur Aufbesserung seiner Notstandsunterstützung beim Bauernhof Fahrngrub, ganz oben auf dem Berg, wo ihn niemand sehen konnte, Fichten „zum Stocken“ (Umschneiden) übernommen. Als Lohn bekam er die Rinde, weil ihm der Bauer dafür kein Bargeld hätte geben können. Mir war die Arbeit mit der Zugsäge fast zu schwer, während der Vater den Baum auf der anderen Seite anhackte, konnte ich rasten. Wenn der Vater einmal in der Woche nach St. Anton zur Meldestelle ging, hatte ich auch einen halben Tag frei. War eine Fichte gefällt, hackte der Vater die Äste herunter, und ich zog die Rinde meterweise ab. Die ersten zwei bis drei Meter des Stammes ließ ich aus, dort war die Rinde so grob und schwer herunterzubringen. Ich glaube, an die vierzig Festmeter Rundholz machten wir in diesen Sommerferien. Die Rinde schlichteten wir zu einem Meterstoß auf, im Herbst brachte sie der Fahrngruber zum Gerber nach Scheibbs, welcher aus der Lohrinde Gerbstoffe gewann.[35]

Nach dieser Waldarbeit ging der Vater nach Scheibbs, um sein Notstandsgeld zu holen. Als er heimkam, wußte die Mutter, daß etwas nicht stimme, weil er so früh zurück war. Sonst hatte er sich gerne bei den Wirten in St. Anton ein paar Krügel Most gekauft. Sie wurde ganz weiß im Gesicht, als er ihr sagte, daß er kein Geld bekommen hatte, man habe ihn „ausgesteuert“, weil ihn jemand wegen des Fichtenumschneidens angezeigt hatte. Somit mußten wir acht Personen vorerst ohne jeden Groschen Geldes auskommen, denn die Lohrinde bekam der Vater erst im November bezahlt. Der Käufer gab auch nur das, was er geben wollte, und meinte: „I hätt die Lohrindn jo goa ned brauchd!“

Wie sollte es jetzt weitergehen? Das war die Frage. Sollten wir uns zusammenpacken und betteln gehen? Aber wenn ohnehin schon zwanzig Bettler und mehr

Abb. 5: Aufgeschichtete Fichtenlohrinde hinter einer Holzknechtpartie aus dem Jahre 1928 (Slg. Harreiter).

tagtäglich von Haus zu Haus gingen, und wir wären gleich acht auf einmal. Nein, das war auch nichts! Vor allem mußten wir jetzt schauen, daß die Esser weniger wurden. Die Klauserleute im Laubenbachgraben[36] nahmen meine zehnjährige Schwester, und ich sollte halt auch irgendwo einen Platz bekommen. Aber wer nimmt denn schon so einen Buben, wenn die Ferien vorbei sind und der Winter bald vor der Tür steht? Weiterleben konnten wir, weil meine Eltern viel zu den Bauern ins Tagwerk gingen. Erdäpfel und Gemüse baute die Mutter weiterhin auf dem gepachteten Grund an. Die alte Laubenbacherin, die Großmutter des Loisl, gab uns in der Zeit, wo die Ziegen „trocken standen", also keine Milch hatten, etwas Kuhmilch. Diese Milch hatte sich die Frau bei der Hofübergabe ausgenommen. Wegen des Milchholens stritten wir Kinder oft, jedes wollte gehen, weil uns die alte Bäuerin öfter etwas „zum Beißen" gab. Von den Kaiserleuten in der Schädlhütte[37] brachte der Vater auch öfter etwas heim, einmal sogar eine Haustür und Fensterflügel. Einkaufen ging die Mutter zur Frau Plasch nach Boding[38]. Auch sie half uns, indem sie oft etwas „zusammenpackelte", das wir notwendig brauchten und sie billig hergeben konnte. Ihre Söhne mußten von Zeit zu Zeit im Magazin zusammenkehren, dabei fiel meistens für die Mutter etwas Schweinefutter ab; vor allem dann, wenn die Mäuse die Säcke etwas angebissen hatten.

Im Spätherbst brachte der Briefträger ein erfreuliches Schreiben, worin stand, daß meine Eltern beim Kaufmann Poranzl in St. Anton um einen gewissen Betrag kostenlos Lebensmittel bekämen. Einen großen Rucksack und eine Tasche mit den wichtigsten Lebensmitteln brachte dann die Mutter heim.[39] Und das Schwein, das wir vor Weihnachten zum „Abstechen" (Schlachten) hatten, wog bestimmt hundert Kilo. Der Vater verdiente beim Christbaumhacken ein paar Schilling dazu. Das bereits abgetragene Gewand und die Schuhe bekamen wir von den Schwestern unserer Mutter ersetzt; denen ging es besser.

Am Pfingstsonntag des folgenden Jahres sollte ich gefirmt werden, und zwar in St. Pölten. Den Anzug dazu bekam ich von meiner Annaberger Tante, er war ihrem ältesten Buben schon zu klein geworden. Aber wie komme ich nach St. Pölten? Mein

Firmgöd, Mutters Bruder, wohnte in Herzogenburg. Da er noch jung und kräftig war, machte er eine Radtour durch das Traisental nach Annaberg, wo er seine Schwester besuchte. Anschließend kam er zu uns auf den Schlagerboden. Mein Vater hatte in der Holzhütte einen alten Fahrradsattel und ein Paar Fußraster gehabt, das montierten die beiden Männer auf Onkels Rad. So fuhr ich auf der Radstange meines Göds nach Herzogenburg mit. Vor Viehhofen rasteten wir in einem Wirtshaus das erste Mal. Bei den ersten Schritten nach dem Absteigen fühlte ich mich „rach", ganz steif in den Gelenken. Der Göd schaffte sich ein Viertel Wein an, und ich bekam ein Kracherl[40]. Beim Bezahlen schimpfte er mit dem Wirt, weil sein Wein 35 Groschen kostete: „In Herzognburg kriagt ma s'Viadl um dreißg Groschn!" Ich blieb in der Folge einige Nächte bei meinen Gödnleuten in Herzogenburg, und am Pfingstsonntag fuhren wir wieder mit dem Rad nach St. Pölten. Nach der Firmung das Ringelspiel und das Schaukeln war so lustig, daß ich ganz sprachlos war. Ich hatte so etwas vorher noch nie gesehen! Kaum blieb eines stehen, worauf ich gesessen war, stieg ich schon wieder auf ein anderes. Der Göd kam mit dem Bezahlen gar nicht nach, sodaß die Kassierin rief: „Göd, Göd, der Bua hot nou ned zoid! Jo, wo isdn dei Göd?" Nach dieser Gaudi setzte mich mein Göd in St. Pölten in den Zug, und ich fuhr alleine heim.

„In Gruam-Floan sei Moastaknecht!"

Zu Ferienbeginn 1933, also Anfang Juli, kam ich „in die Untergruben", zu einem Bauern oben auf dem Berg; die Leute sagten: „zan Gruam-Floan".[41] Es war kein reicher Bauer, einen Knecht mit 25 bis 30 Schilling Monatslohn hätte er sich nicht leisten können. In den Ferien arbeitete ich schon fest mit. Im Haus lebten der Bauer, die Bäuerin, eine gebrechliche alte Frau – die Mutter des Bauern – und ein zweijähriger Bub. Das Schulgehen war von hier eine halbe Stunde kürzer; ich mußte allerdings nur jeden zweiten Tag gehen. Wenn ich heimkam, wartete schon eine Menge Arbeit auf mich, obwohl es meistens schon dunkel wurde.

Das Schafeholen vom Wald hatte es mir angetan. Fand ich die Tiere in der Finsternis nicht gleich, hatten sie sich hinter einen Baum gestellt und sich nicht gerührt. Da nützte auch ihre kleine Glocke nichts. Oft fürchtete ich mich, aber ohne Schafe getraute ich mich nicht nachhause. Im Gegensatz dazu freute ich mich auf die Schafschur im Frühling und im Herbst. Am Vormittag wurden die Tiere von der Bäuerin und mir im Sautrog[42] gewaschen, dann trieben wir sie „in die Gasse", eine eingezäunte Fläche ums Haus. Ich hatte die Schafe zu jagen, damit die Wolle trocken wurde. Am Nachmittag half der Bäuerin meist „das Steinhäuslweib", eine Nachbarin, beim „Scheren". Nach Verlangen brachte ich ihnen die Schafe. Da konnte ich noch laufen, ein paar Sprünge, und schon war so ein Tier in meiner Gewalt. Zwischendurch konnte ich rasten, weil die zwei Frauen zur Schur länger brauchten als ich zum Fangen. Die Jause „beim Schafscheren" war immer gut: Kaffee mit Butterbrot und Honig! Neben der Herbstarbeit bohrten wir aus Lärchenrundhölzern „Brunnröhren" und legten eine etwa 100 m lange Wasserleitung. Doch Mitte Dezember war das Wasser schon gefroren; wir hatte die Röhren zu wenig tief eingegraben. Den ganzen Winter mußten wir das Wasser für den Haushalt und das Vieh mit einem Handschlitten heimziehen. Aufgrund dieser Mehrarbeit wurde ich um fünf geweckt, mußte bei der Stallarbeit helfen und ging dann in die Schule.

Zum Aufgabemachen war keine Zeit, die schrieb ich oft erst auf dem Schulweg im Ortgraben auf dem Stock eines umgeschnittenen Baumes oder vor dem Unterricht von jemandem ab. Vorzugsschüler war ich keiner, aber „sitzen" blieb ich nie. Heinrich Poranzl, dem um fünf Jahre älteren Sohn des St. Antoner Kaufmannes, half ich in der Mittagspause einmal Ware einpacken. Dafür gab er mir ein ganzes Sackerl „Marberl", kleine Marmorkugeln. Mit diesen spielten wir gerne in unserer Freizeit neben den Häusern im Ort. Neben den „Marberln" waren in dem Leinensackerl mit Quaste und Lederband zum Zuziehen viele schöne Glaskugeln, die alle Farben spielten. Vor Freude tanzte ich vom Kaufhaus in die Schulklasse, wo ich sie auf den Fußboden leerte. Mit „Heui" bestaunten die Kinder meinen Schatz, und beinahe wäre ich bestohlen worden. Der Schneider-Sepp half mir, er war kräftig und gefürchtet. Beim Heimgehen schenkte ich ihm zum Dank zwei Glaskugeln.

Am 4. Februar 1935, meinem 14. Geburtstag, ging ich zum letzten Mal zur Schule. Der Bauer war froh, weil er nun einen ständigen Mitarbeiter hatte. Zu diesem Hof gehörte noch ein aufgelassenes Bauernhaus, „die Hochklaus"[43]. Die Gründe waren etwa eine Dreiviertelstunde entfernt und wurden als Viehweide benutzt. Da meine Schuhe schon ganz abgenützt waren, lieh mir der Bauer seine alten Kommißstiefel aus dem Ersten Weltkrieg, wenn wir im Winter dorthin Fichtenumschneiden gingen. Ein Wochentag sah so aus: Um fünf Uhr standen wir auf und arbeiteten eineinhalb bis zwei Stunden im Stall. Wenn wir fertig waren, gab es die Stosuppe[44]. Dann gingen wir „in die Hochklaus" in den Holzschlag. Ein Pfad war selten, weil nur wir zwei, der Bauer und ich, gingen. Zu Mittag mußten wir Brot und Fleisch im Stehen essen, manchmal war es gefroren. Einmal war es so kalt, da zerriß es uns sogar die Mostflasche. Wenn es dunkel wurde, machten wir uns wieder auf den Heimweg. Zuhause jausneten wir ein wenig, dann hatten wir das Futter für fünfzehn Rinder zu schneiden. Die Nachbarn hatten bereits kleine Motoren dazu, wir nicht. Der Bauer trieb die Häckselmaschine mit der Kurbel an, und ich legte das Heu und das Stroh ein. Wenn ich zuviel erwischte, was bei dem schwachen Laternenlicht leicht passieren konnte, mußte ich mittreten. Hatten wir das Futter für einen Tag

Abb. 6: Familie Fuxsteiner, vulgo Laubenbach-Schneider (v.l.n.r.): Fanny, Poldi, die Mutter, Karl, Paul, Alois, Sepp und Hans (Slg. Harreiter).

geschnitten, nahmen wir unsere Laterne und gingen zur Stallarbeit. Bei dem Wasserbuttentragen vom Vorhaus bis in den Stall war ich schon oft sehr müde. Nach der Stallarbeit war dann noch ein großer Korb Brennholz zu hacken. Anschließend gab es die Nachtmahlsuppe, und oft war es zehn Uhr, wenn wir zu Bett gingen. Der Bauer war „nicht zuwider", bei der Arbeit ließ er sich Zeit. Infolgedessen waren auch die Nächte kurz.

Das wäre ja alles noch gegangen! Unglücklich war ich vor allem deshalb, weil ich Bettnässer war. Zuhause hatte die Mutter geschaut, daß ich abends nicht allzuviel Flüssigkeit zu mir nahm. Nach ein, zwei Stunden weckte sie mich regelmäßig. Doch hier achtete niemand darauf. Fast jeden Tag gab es zum Nachtmahl eine Suppe und danach Magermilch. Hatten wir Taglöhner, gab es Grießkoch, da blieb ich nachts trocken. Aber was hätte ich tun sollen, ich aß das, was auf den Tisch kam. Das Hemd, mit dem ich tagsüber gearbeitet hatte, hatte ich auch beim Schlafen an. War es morgens durchnäßt, zog ich die Hose drüber und ging mit dem Bauern nach der Frühstückssuppe bei Wind und Kälte in den Wald. Durch das Arbeiten im tiefen Schnee, mit nassem Hemd und oftmals schneenasser Hose – beides steifgefroren – wurden meine Oberschenkel wund. Das brannte und schmerzte. Abends legte ich mir dann vor der Stallarbeit einen Ziegel zum Wärmen auf die Herdplatte, den ich vor dem Schlafengehen zum Leintuchtrocknen ins Bett gab. Doch das half nicht viel, denn in meiner Kammer gegenüber der Stube war es im Winter „saukalt".

Im Frühjahr, meistens am „Kleinen Ostersonntag", dem Sonntag nach Ostern, waren in der Hofstatt und beim Schneider[45] die Gödnkinder[46] geladen (Abb. 6). Da kamen alle Patenkinder, die die „Bauernleute" aus der Taufe gehoben oder zur Firmung gebracht hatten. Das war ein schöner Brauch! Nach dem Mittagessen kamen dann auch noch Kinder und Jugendliche aus der Nachbarschaft, auch wir vom Kleinhäusl. Vom Sandhaufenspielen bis zum Tanzen kam an diesem Nachmittag alles vor. Auch ich war an dem Sonntagnachmittag des Jahres 1935 von der Untergruben zum Schneider gegangen. Hier waren auch „de Fuchsstoa-Diandln", die Mädchen des Frankenfelser Bauernhofes Fuchsstein.[47] Getanzt wurde zu einer

Mundharmonika oder einem Grammophon. Als die Mädchen das Lied „Mariechen saß weinend im Garten“[48] sangen, erwachten in mir zum ersten Mal Liebesgefühle. Immer schaute ich dabei die Fuchsstein-Pepi an, sie war ein recht liebes Dirndl, aber ich getraute mich nicht, sie anzusprechen. Außerdem mußte ich ja um fünf Uhr, spätestens um halb sechs, wieder bei der Stallarbeit daheim sein. Das tat mir schon weh, daß sich die anderen so gut unterhielten, die Pepi mit einem älteren Burschen recht fröhlich war und mich gar nicht anschaute, als ich gehen mußte. Meine Sucht ließ mich im Sommer nicht mehr in der Kammer schlafen. Die Bäuerin hätte das Leintuch zum Trocknen ins Freie gehängt, und ich hätte mich geschämt. So schlief ich im Heustadel in einem Heu- oder Strohhaufen. Anfangs fürchtete ich mich, aber man gewöhnt sich an alles. Einmal fragte die Bäuerin die Ärztin in St. Anton, ob es gegen meine Sucht nichts gäbe. „Nein“, gab diese zur Antwort, sie solle nicht schimpfen mit mir, nach der Pubertät würde „es gut werden“.

Im Sommer mußte ich mit vierzehneinhalb Jahren mit dem Bauern um vier Uhr mähen gehen. Er klopfte mit dem Wetzstein an die Bretterwand des Stadels, und ich wußte, jetzt ist es zum Aufstehen. Als ich meine ältere Schwester in dieser Zeit einmal traf, sagte sie mir, daß unsere Mutter des öfteren zum Doktor nach Frankenfels müsse und die Leute schon redeten, sie habe den Brustkrebs. Das gab mir neben meiner schweren Arbeit und der seelischen Belastung durch meine Sucht zu denken. An einem Sonntagnachmittag im Juli ging ich dann zu meinen Eltern hinunter. Der Vater war nicht zuhause, die Mutter ganz verdrossen. Ich getraute mich nicht zu fragen, warum sie so niedergeschlagen sei. Um halb fünf ging ich wieder. Als ich nach einem knappen Kilometer zur Bichl-Kapelle kam, sah ich auf mein Elternhaus zurück. Dann kniete ich mich nieder und betete, daß meine Mutter nicht sterben müsse. Dabei fielen ein paar heiße Tränen auf meine Knie. Am liebsten wäre ich wieder zurückgegangen, ich hatte Heimweh. „Aber ich kann unserer Mutter doch nicht helfen!“, waren meine Gedanken, „und beim Grubenbauern wartet das Vieheintreiben und die Stallarbeit auf mich. Ich muß wieder hinauf, sonst verjagen sie mich noch – und was wäre dann mit mir?“ Während der Sommerarbeit schmeckte mir bisweilen das Essen gar nicht. Ich war bei der Arbeit häufiger müde als sonst, bis ich meine Schwester abermals traf und sie mir mitteilte, daß die Mutter wieder ein Kind bekomme und sich die Brust stark gebessert habe. Und sie lobte den Doktor Pilger in Frankenfels. Am 31. Oktober 1935 war dann der kleine Bruder da, und mit der Zeit wurde Mutters Brust wieder ganz gesund.

Im Herbst 1935 bauten wir in der Untergruben den Winterroggen im Steinfeld an. Der folgende Winter brachte wenig Schnee und viel Frost, sodaß kein einziges Korn aufging. Jene Bauern, die das „Troad" auf schattige Felder gesät hatten, hatten Glück, weil dort im Winter Schnee lag und das Getreide schützte. Wir aber hatten das ganze folgende Jahr kein Brotmehl! Auch das Schabstroh[49] zum Ausbessern der Strohdächer fehlte uns, zumal es an vielen Stellen einregnete. Aber „die viele Arbeit" war uns geblieben. Ich verstand das auch schon, was es heißt, wenn man von drei Kühen die Kälber aufzog und mit etwas Glück jährlich drei Stück Vieh verkaufen konnte; fallweise auch ein paar Bloche Holz an die Neubrucker Papierfabrik. Von diesem Geld waren dann die Zinsen und Schulden zurückzuzahlen, die Steuern und Versicherungen – und was sonst noch anfällt – zu begleichen. Außerdem war das ganze Jahr das Mehl zum Backen und Kochen für fünf Leute zu kaufen. Zum Erwerb der restlichen Lebensmittel wurde das durch den Verkauf von Eiern, Butter und Schafkäse eingenommene Geld verwendet. So „wurstelten" wir uns in diesem Jahr halt so recht und schlecht fort.

Im Frühling 1936 verschwand meiner Bäuerin eine Halskette mit einem goldenen Kreuz. Eines Tages hörte ich durch das schmale Küchenfenster zum Hof, wie sie zu ihrer Schwiegermutter sagte: „De Hoiskettn hot bestimmt da Bua gstoin, wer kunnst denn sunst hobm!" Die Schwiegermutter wandte ein: „Des glaub i ned, wos tat denn der mit dera Kettn. Er kauns jo ned amoi vakaffa." Ich war bestürzt, zitterte am ganzen Körper, getraute mich aber nichts zu meiner Verteidigung zu unternehmen.

Kurz darauf übernachtete bei uns ein Geistlicher, ein Kapuziner. Da in meiner Kammer noch ein Bett stand, sollte er dort schlafen. Bevor ich einschlief, kam der

Abb. 7: „Betengehen" von der Bichl-Kapelle zur Laubenbach-Kapelle; Fronleichnam 1932 (Slg. Harreiter).

Mann zu mir, riß meine Decke weg und begann mich am ganzen Körper abzugrapschen. Dann drückte er mich an die Wand. Ich wehrte mich, kam ihm aus und lief schreiend ins Vorhaus. Der Bauer war aufgewacht, kam heraus und fragte: „Jo Pepi, host leicht an schlechtn Tram ghobt?“ „Jo“, antwortete ich kurz und ging ängstlich in meiner Kammer zurück. Der Kapuziner lag in seinem Bett und rührte sich nicht. Ich schlief die ganze Nacht schlecht. Als mich der Bauer am Morgen weckte, stand ich sofort auf. Da war auch schon der Geistliche neben mir und schüchterte mich ein, daß ich ja niemandem „von seinen Haaren am Bauch“ etwas erzähle.

Was sollte ich tun? Des Halskettendiebstahls wurde ich verdächtigt und dann noch dieses Erlebnis! „I muaß weg“, waren meine Gedanken, „i geh zan Köthler[50], der nimmd mi scho za da Oawat.“ Schließlich hatte er mir einmal zugesagt, daß ich zu ihm jederzeit kommen könne. So lief ich bald darauf nachts weg. Als ich beim Köthler etwa zwei Stunden gearbeitet hatte, holte mich mein Vater und brachte mich wieder in die Untergruben zurück. Bauer und Bäuerin sagten kein Wort zu mir. Sie fragten auch nicht, warum ich weggelaufen sei. So arbeitete ich weiter, als wenn nichts gewesen wäre.

Ein paar Wochen später traf mein Bauer den Köthler auf dem Kirchenplatz in St. Anton und stellte ihn zur Rede: „Waun du mein Buam no amoi aufhetzt, kriagst do am Kirchaplotz a poa Fotzn, du Rotzbua. I hobn in d' Schui gschickt, und hiatz hetzt man weg!“ Vor Weihnachten putzte die Bäuerin in der Stube das Gläserkastl und fand dabei zwischen einer Bretterfuge die Halskette. Diese für mich wichtige Nachricht teilte mir ihre Schwiegermutter „verstohlen“, also im Geheimen, mit.

Im Herbst 1936 kam zu uns der Haferlohndrescher mit Benzinmotor und Dreschmaschine. Der Bauer lud aus der Nachbarschaft zehn bis zwölf Drescher ein, auch eine meiner Schwestern kam zu dieser Arbeit. Obwohl sie mehr als ein Jahr jünger war, war sie mir in allem weit überlegen, denn sie bekam bei den Klauserleuten[51] im Laubenbachgraben immer genug zu essen und brauchte viel weniger zu arbeiten als ich. Mit ihren vierzehn Jahren sah sie wie eine Sechzehn- oder Siebzehnjährige aus. Nach dem Abendessen blieben dann alle Drescher auf den in der Stube zusammengestellten Tischen sitzen. Dabei wurden Witze erzählt und die Schandtaten verschiedener Leute hervorgeholt. Meine blutjunge Schwester mischte bei diesen Gesprächen schon rege mit. Unter anderem fragte mich ein Drescher, ob ich schon einmal zu einem Mädchen fensterln gegangen sei. Da riß sie gleich das Wort an sich und sagte: „Des kauna no ned, der wuad des Diandl in Bett aunsoacha, weula dahoam a no oiwei ins Bett soacht!“[52] Alle lachten lautstark und schauten dabei auf mich. Vor Scham wäre ich am liebsten im Erdboden versunken. Meine Schwester hätte ich auf der Stelle erschlagen können, weil sie mein Bettnässen so spöttisch an fremde Leute verraten hatte.

Ich lief sofort aus dem Haus, in meinem Kopf kreisten Selbstmordgedanken. Dann ging ich in den Stall, um bei den Tieren Trost zu finden, ging zu einem Stand und nahm ein fünf Wochen altes Kalb um den Hals. Tatsächlich verspürte ich gleich einen warmen Gegendruck, der mich tröstete, und gleich sah alles wieder anders aus. Inzwischen hatte mich der Bauer schon gesucht, mit einer Taschenlampe eines Dreschers, wie sie die Burschen beim Fensterlngehen verwendeten, kam er in den Stall. Auch er tröstete mich, indem er seine Hand auf meine Schulter legte. Das tat mir wohl. Ich ging mit ihm mit, aber gleich in meine Kammer. Als wir bei der Stube vorbeikamen, hörte ich das laute Unterhalten und Lachen der Drescher. Gekränkt legte ich mich in mein Bett, gekränkt auch deswegen, weil mein Bett von der letzten Nacht noch immer naß war.

Mein Bauer war von Geburt an ein armer Teufel gewesen. Damit es verständlich wird, warum wir uns beide kaum Schuhe leisten konnten und folglich meist barfuß gingen, muß ich etwas weiter ausholen. Die Mutter des Bauern hatte von einem großen Bauernhaus zwischen Gaming und Gresten abgestammt. Da sie mit achtzehn Jahren einen unehelichen Buben zur Welt brachte, den ihre Eltern aufzogen, wurde sie 1885 vom Hof gewiesen. 1889 hatte sie dann von einem anderen Mann einen weiteres „lediges“ Kind bekommen; das war mein Bauer. Zum Heiraten kam seine Mutter nie, so wanderte sie als Dienstmagd mit dem Buben herum. Als

Abb. 8: Dreschen mit Dampfkessel auf dem Bauernhof Obergruben, Josef Harreiter (vierter von links); dreißiger Jahre (Slg. Lechner, Untergruben)

sich der kleine Kerl Kleidung und Schuhe selbst anziehen konnte, gab sie ihn zu fremden Leuten. 1910 mußte er nach Wien ins Arsenal einrücken. Die aktive Militärdienstzeit war damals drei Jahre. Davon erzählte er oft, es müssen seine schönsten Jahre gewesen sein. Anschließend war er im Ersten Weltkrieg eingerückt und kehrte erst 1920 aus russischer Gefangenschaft zurück, in die er 1914 bei den Kämpfen um Przemyśl gekommen war. Er arbeitete dann als Schlepper beim Durchschlag eines Stollens der Zweiten Wiener Hochquellenwasserleitung in Gaming.[53] Hier wohnte er bei einem Bauern, dem er in seiner Freizeit arbeiten half, sodaß er für Kost und Quartier nichts bezahlen brauchte. Jeden Groschen, den er verdiente, legte er zur Seite, weil er mit einer Gaminger Bauerntochter ging und das Geld für den Kauf eines Hofes benötigte. Sie hätte ihn „nicht mögen" – das erwähnte sie oft – und sich geschämt, wenn die Leute gesagt hätten, sie sei mit einem Baraber[54] verheiratet. Nach der Hochzeit ersteigerten sie den Bauernhof Untergruben und kauften von dem ersparten Geld für den Anfang noch einige Rinder. Schließlich blieb nicht viel übrig, und so eine Mißernte, wie wir sie 1936 erlebten, war fast nicht zu verkraften.

Ansonsten waren mein Bauer und ich recht brav auf unserer Welt. Wir machten keine Bäume krank, verdreckten und vergifteten nichts, verbrauchten fast keine Energie – die paar Liter Petroleum für die Küchenlampe und die Stallaterne ausgenommen – und ließen kein Kilo Müll anwachsen. Wir selbst kamen allerdings nicht gar so gepflegt daher. Beim Arbeiten auf den Feldern stand uns die Natur zur Seite. Waren wir beispielsweise im „Krötenkrautfeld"[55] und sollten um halb eins daheim sein, kamen wir auf die Minute genau an. Dort oben bildeten nämlich eine Lärche und eine Fichte mit der dahinterstehenden Sonne um die Mittagszeit eine Linie, das heißt, dann war es genau 12.15 Uhr. Wir kannten mehrere solche Anhaltspunkte. Den Untergang der Sonne konnten wir das ganze Jahr hindurch beobachten, der Aufgang wurde durch den Hofeckwald[56] verdeckt. Am 21. März ging die Sonne mitten auf dem Hackstockloidl (814 m) unter. So hatte an jedem 21. die Sonne ihren Platz zum

Untergehen, die Viertel dazwischen, durch sieben und acht geteilt, waren die Tage. Wäre es immer heiter gewesen, hätten wir gar keinen Kalender gebraucht.

Unsere Wetterfrösche waren die Eisenbahnen. Da gab es den Schlechtwetter- und den Schönwetterzug. Hörten wir am Morgen von Neubruck bei Scheibbs den Zug pfeifen, bevor er über die Straßenübersetzung fuhr oder sogar das Schlagen der Räder auf den Schienenstößen, breiteten wir das Heu nicht auseinander. In diesem Fall regnete es nämlich bereits am frühen Nachmittag. Hörten wir hingegen das Räderschlagen der Mariazellerbahn, standen wir noch früher zum Mähen auf. Gut war es, daß wir kein Radio hatten. Radios waren damals in unserer Gegend noch selten. Ein Radio hätte uns mit seinem Wetterbericht ohnehin nur „dreingepfuscht".

Mein Bettnässen war dann einmal von einer Nacht auf die andere zu Ende. Ich war sehr froh, aber dann bekam ich einen kranken Stockzahn, der oft recht weh tat. Wenn ich mich abends ins Bett legte, fing das „Rabenvieh" zum Schmerzen an, daß ich es nicht aushielt und aus dem Haus rannte. Einmal lief ich sogar bis zum Bauernhof Brückl[57] hinauf. Zum Zahnreißengehen hatte ich kein Geld. Die Mutter meines Bauern riet mir: „Waun man bliatad mocht, hört a zan Wehtoa auf." Ich befolgte das und stach mich mit einer Flicknadel. Daraufhin schwoll das Ganze furchtbar an, aber die Schmerzen waren weg.

Mein Vater hatte in dieser Zeit auch ab und zu eine mehr oder weniger schlechte Arbeit bekommen. Einmal förderte er mit einem zweiten Mann aus einem halbverfallenen Stollen im Ortgraben Kohlen.[58] Sie streiften die Kohlensäcke auf zwei Holzprügeln aus dem Berg. Viele Menschen wunderten sich, daß den beiden dabei nichts passierte. Leicht hätte der Stollen einstürzen können.

Ich aber wurde älter und bekam vor den Osterfeiertagen 1937 Schuhe und einen Steireranzug (Abb. 9), den ich zum ersten Mal beim Beichten- und Kommunizierengehen trug. Die Bäuerin hatte mir diesmal etwas Geld mitgegeben, damit ich mir nach der Messe eine Suppe hätte kaufen können. Ich aber kaufte mir einen guten Bohnenkaffee. Bis dahin war ich mit dem Gewand zur Osterbeichte gegangen, das meine Mutter von ihren Schwestern geschenkt bekommen hatte. Weil diese Kleider nicht „bäurisch“ aussahen, wurde ich viel verspottet. Verspottet wurde ich auch, wenn ich nach dem „Abspeisen“ (Kommunizieren) mit nüchternem Magen gleich heimgehen mußte und erst um elf eine Stosuppe bekam. Ich wurde zornig, wenn mich vor der Kirchentüre ein paar Rotzbuben hänselten: „Nau, in Gruam-Floan sei Moastaknecht kau se nid amoi an Kaffee kaffa! Host leicht dein Lohn nou nid kriagt?“ „Der hod jo goa koan Lohn“, meinte ein anderer, „der hod jo a Gage, oder bist in dei Stosuppn so valiabt?“ Sie sagten alles, was ihnen gerade einfiel. Für mich war es hart, um fünf Uhr aufstehen, die Stallarbeit machen, dann eine Stunde nach St. Anton gehen. Nach der Messe hatte ich oft vom Kaufmann etwas heimzutragen, z. B. eine 5-Liter-Petroleumkanne den Berg hinauf, und das alles mit nüchternem Magen!

Diese Zeiten waren nicht gut, aber sie gingen vorbei. Im März 1938 kam dann die große Wende. Nach drei, vier Monaten fiel mir auf, daß sich die „Bauernleute“ mehr leisten konnten als früher. Das hatte mit der Umschuldung zu tun. Ich war ganz überrascht, als sie mir ein Fahrrad kauften. Die Mutter des Bauern bekam eine Rente. Ich bemerkte auch, daß der Bauer auf einmal begeistert war, obwohl er vorher ein Gegner des Anschlusses gewesen war. Mein Vater konnte gleich in Winterbach bei der Bahn auf dem Oberbau zu arbeiten anfangen und er wurde bis zur Altersrente nicht mehr „abgebaut“ (entlassen). Auch Kinderbeihilfe bekamen meine Eltern, ich glaube sogar, daß etwas nachbezahlt wurde. Jedenfalls warf die Mutter die Strohsäcke hinaus und kaufte sich Matratzen. Das war schon ein Luxus! Die Welt soll uns Österreichern das „Heil-Schreien“ von damals verzeihen, es konnte ja niemand wissen, daß so ein erbarmungsloser, mörderischer Krieg folgen würde.

Abb. 9: Mein erster Steireranzug (v. l. n. r.): Josef Harreiter, Josef Fuxsteiner vulgo Schneider-Sepp, und sein Bruder Johann Fuxsteiner; 1937/38 (Slg. Harreiter)

„In einer warmen Bude"

Überall wurden Baustellen eröffnet, und mich freute die Bauernarbeit da oben immer weniger. Von einem älteren Straßenarbeiter erfuhr ich, daß mein Bauer zu ihm gesagt hätte, er werde mich bei der Krankenkasse anmelden und mir monatlich einen Lohn bezahlen. „Waunst af des woatst", meinte der Arbeiter, „muaßt Baunknecht bleibn!" Meinen Eltern gegenüber wollte ich mich nicht äußern und den „Bauernleuten" getraute ich mich erst recht nicht zu sagen, daß ich gehen wollte. Es war ein Sonntag, Anfang September 1938, die „Bauernleute" waren um neun Uhr abends zu Bett gegangen. Ich breitete in meiner Kammer den Rock auf, gab meine paar Sachen darauf, band mit den Rockärmeln zu und hinterließ einen Zettel, daß ich nicht mehr zurückkommen werde. Dann schlich ich mich hinaus. Das Binkerl band ich mit dem Hosenriemen auf das bereitgestellte Fahrrad, so wanderte ich zu meinen Eltern hinunter. Der Mond leuchtete so schön vom Himmel. Bei der Grundgrenze blickte ich ein letztes Mal zurück, dann zog ich weiter. Die Eltern schliefen auch schon. Ich ging in die Holzhütte, breitete meine Sachen auf das ofenfertige Brennholz, legte mich darauf und verbrachte so die Nacht.

Den Eltern hatte es die Sprache verschlagen, als sie mich mit meinem Binkerl stehen sahen. Die Mutter begann gleich recht zu schimpfen, als ich ihr sagte, daß ich nicht mehr Bauernknecht sein wolle. Zum Schluß sagte sie: „Kaunst hingeh, wost wüst, mia haum fia di koan Plotz!" So ging ich zum Köthler[59] und fragte, ob ich bei ihm ein paar Tage arbeiten könne. „Kaunst schon, oba schlofa muaßt hoamgeh, in Tog kriagst a Mark und de Kost!" bekam ich zur Antwort. Ich war einverstanden. Mein Plan war ja, beim Arbeitsamt in Scheibbs vorstellig zu werden. Alles gut und schön, aber wohin sollte ich schlafen gehen? So übernachtete ich halt in den Stadeln und Streuhütten, in die ich hineinkonnte, und wenn es bei den Nachbarn war. So verging der September.

Anfang Oktober fuhr ich mit dem Fahrrad nach Scheibbs und meldete mich beim Arbeitsamt als arbeitslos. Der Beamte wollte unbedingt wissen, was ich bisher gearbeitet hätte und wo ich versichert gewesen sei. Er erkannte bald, von welcher Arbeit ich kam. Gemeldet war ich ja nicht gewesen, so mußte er meine Erzählung glauben. Dann schrieb er mir eine Zuweisung zur Wildbachverbauung nach Schwarzenbach an der Pielach. Ich fuhr hin, meldete mich beim Baupolier und nahm in einem Häuschen einen kleinen Raum zum Schlafen. Untertags aß ich kalt, abends etwas Warmes im Gasthaus. Ich fühlte mich wohl bei dieser Arbeit.

Allerdings passierte mir während dieser Zeit ein peinliches Mißgeschick. Ich hatte mir beim Uhrmacher Kalteis in Kirchberg eine Taschenuhr mit Kette gekauft. Nach ein paar Tagen war die Uhr stehengeblieben. Zu meinen Arbeitskollegen wollte ich deswegen nichts sagen, weil ich befürchtete, sie könnten antworten: „Jo, wos host da denn do füra Glumpad kaft?" So fuhr ich dann ganz schweigsam sechzehn Kilometer mit dem Rad nach Kirchberg, um die Uhr umzutauschen. Der Uhrmacher nahm sie, setzte sich in ein Winkerl, zeigte mir den Rücken, hielt sie an sein Ohr, stand auf und gab sie mir wieder. „Gö", meinte er, „wegnan Aufziagn alloa brauchst snächste Moi nid so weit midn Radl herfohrn, des kaunst schon söwa a!" Daran hatte ich gar nicht gedacht, hatte ich doch bisher keine Uhr aufgezogen.

Zwei Wochen später fuhr ich mit gemischten Gefühlen zu meinen Eltern heim. Ich hatte mir vorgenommen, die Mutter angemessen zu bezahlen, wenn sie mir Samstag und Sonntag die Kost gibt und die Wäsche wäscht. Wie gedacht, so kam es auch. Die Mutter hatte inzwischen schon ein zusammenlegbares „Erussabett" beschafft, damit ich es aufstellen konnte, wenn ich heimkam. Das Bett war nicht teuer gewesen, und alles war wieder gut. Vor Weihnachten wurde ich dann allerdings entlassen.

Die Arbeit war wegen des schlechten Wetters nicht mehr möglich gewesen, und so fuhr ich wieder mit dem Rad nach Scheibbs. Der Beamte meinte, ich könne bei der Straße in Winterbach Schnee schaufeln, wenn er eine andere Arbeit für mich habe, schicke er mir eine Zuweisung. Mitte Jänner wurde ich verständigt, daß ich bei der Hobeleisenfabrik in Neustift bei Scheibbs zu arbeiten anfangen solle. Da wurde ich beneidet, weil ich „in einer warmen Bude“ arbeiten durfte. Das war Schichtarbeit. Zu sechst schmiedeten wir von einem Ofen die rohen Hobeleisen heraus. Die erste Schicht war von 6.00 bis 14.00, die zweite von 14.00 bis 22.00 Uhr. Zu jeder Schicht gehörten drei Mann. Ich legte die kalten Eisen mit einer Zange in den Ofen, nahm sie dann in weißglühendem Zustand heraus und legte sie dem Schmied zum Aufschmieden der Stahlplättchen vor den Federnhammer. Dieser Mann gab das Eisen an den dritten zur Walze weiter. In einer Schicht bearbeiteten wir oft bis zu 2000 Eisen im Akkordlohn. Dazu gab es einen Hitzezuschlag und eine Prämie, wenn wir bei gleichem Kohlenaufwand recht viele Eisen schmieden und walzen konnten. Ich konnte es oft gar nicht glauben, daß das viele Geld im Lohnsäckchen mir allein gehörte.

Bei einer Lehrerfamilie hatte ich ein Zimmer mit Frühstück, mittags und abends aß ich im Gasthaus. Ende Februar wurde der Ofen wieder stillgelegt, weil das Schmieden und Walzen eine Winterarbeit war. Der Werkmeister überstellte mich in der Folge zur Schleiferei. Hier wurde auch im Akkord gearbeitet, doch ich mußte weniger schwitzen, verdiente aber auch weniger. Neben dieser Schleiferei arbeiteten bis zu acht Frauen in der Polierrerei und in der Verpackung. Mit diesen meist älteren Frauen verstand ich mich von Anfang an gut, obwohl sie mich öfters zurechtwiesen, wenn der „Bauernknecht vom Schlagerboden“ in mir zum Vorschein kam. Eine davon, sie war schon über vierzig, nahm sich recht um mich an, daß ich oft verlegen wurde. Sie machte mich gesellschaftsfähig. In ihrer Freizeit ging sie mit mir Anzug kaufen, einen schönen, schicken Anzug mit einer Knickerbocker und einer langen Hose suchte sie aus, dazu das passende Hemd und einen rötlichen Schlips. Tolle Halbschuhe mit Stutzen und Socken mußte ich auch noch kaufen. Das kostete nicht wenig, doch das störte mich nicht, mir gefiel alles. Natürlich gefiel ich auch den anderen, besonders aber meiner Fürsorgerin.

Ein neues Fahrrad kaufte ich mir auch, einen Halbrenner. Mit ihm fuhr ich gewöhnlich nachhause, über den Jeßnitzer Sattel, ohne abzusteigen. An einem dieser Tage lehnte ich mein Rad vor dem Friedhof in St. Anton an das Straßengeländer und wollte zum Grabe des Lippn-Sepp schauen. Doch ich fand nichts, das Grabe gehörte schon jemand anderem. Ansonsten war ich mit meinem Leben recht zufrieden. Die Mutter pflegte mir meine Sachen, und zum Dank war ich niemals knauserig. Obwohl bereits Krieg war, machte ich mir gar nicht so viele Gedanken. Ich dachte, bis ich einrücken müßte und die Ausbildung hinter mich gebracht hätte, sei der Krieg längst zu Ende. Das war meine Meinung. Zwei Jahre und drei Wochen hatte ich in der Fabrik gearbeitet. Bald danach merkte ich, daß diese bisher schönste Zeit meines Lebens viel zu kurz war.

Abb. 10: Musterung des Jahrganges 1921; Josef Harreiter in der obersten Reihe der erste von links; 22.6.1940 (Slg. Harreiter).

Der Zweite Weltkrieg

„Los, bewegt euch, ihr faulen Säcke!“

Es war eine ruhiger Wintersonntag, der 4. Februar 1941, mein 20. Geburtstag. Schnee lag nicht allzuviel, aber er lag wegen der anhaltenden Minusgrade ziemlich gleichmäßig. Meine Mutter half mir nach dem Mittagessen das kleine Kofferl packen. Dann machte ich mich die zwölf Kilometer nach Neustift bei Scheibbs zu Fuß auf den Weg, um das letzte Mal bei jener Lehrerfamilie zu übernachten, bei der ich zwei Jahre gewohnt hatte. Der Zug, mit dem ich am nächsten Tag in die Melker Pionierkaserne einrücken mußte, fuhr um 6.00 Uhr früh.

Bevor ich mit dem Kofferl aus dem Haus ging, gab ich zuerst der Mutter, dann dem Vater und zuletzt den Geschwistern die Hand, obwohl ansonsten das Handgeben beim Fortgehen nicht Brauch war. Es war eben ein besonderer Abschied. Meine Eltern blieben vor der Haustür stehen und sahen mir nach, bis ich um die Kurve bei der Kapelle verschwunden war. „Loss das nid recht stiern – Lasse dir's nicht verderben!“, rief mir der Vater vor meinem Verschwinden noch nach. Ich winkte kurz zurück und ging dann weiter.

Als ich nach Neustift kam, war es schon ganz finster. Dort ging ich dann bald zu Bett, weil ich von meinem Marsch müde war. Meine Quartierfrau machte mir am nächsten Morgen zum Abschied ein gutes Frühstück. Beim „Pfiatn“ (Verabschieden) wünschte mir die Familie alles Gute, und ich ging anschließend zur Haltestelle. Als der Zug einfuhr, winkte mir einer aus einem Fenster zu. Es war der Wutzl-Sepp, ein Schulkamerad, den wir aufgrund seiner Herkunft auch Dornreith-Sepp nannten. Dann fuhren wir zwei zusammen bis Pöchlarn. Inzwischen war es auch schon etwas heller geworden. Nachdem wir dort umgestiegen waren, gelangten wir nach einer Station nach Melk, wo wir vom Bahnhof zur Kaserne gingen.

Ein Wachposten schickte uns in einen großen Saal, in dem über hundert junge Burschen mit ihrem Koffer warteten. Ein Gefreiter befahl uns, in eine Ecke des Saales zu gehen. Dort saß ein Unteroffizier an einem Tisch und rief einen nach dem anderen auf. Auf einem niedrigen Kasten saß ein kleiner Feldwebel[60], dessen Haare bis über die Ohren ganz kurz geschnitten waren. Mit seinen Stiefelabsätzen klopfte er ständig gegen die Kastenwand. Das Größte an ihm war sein Mundwerk. Er ließ alle Aufgerufenen am unteren Ende des Saales in einer Reihe antreten. Natürlich ging das dem kleinen Mann viel zu langsam, und so mußten wir von einem Ende des Saales zum anderen laufen. Immer noch war ihm das zu langsam: „Wat, dat nennt ihr Bewegung, ihr Schlappschwänze! Kehrt, marsch, Achtung! Ihr steht noch nicht in Reih und Glied?" So lernten wir schon in der ersten Stunde den preußischen Kommiß kennen, obwohl das nur eine Sammelstelle war. Auf unserem Einberufungsschein stand nämlich: Artillerieregiment 109[61], Wien, Arsenal.

Nach elf Uhr bekam jeder ein Kochgeschirr und einen Löffel. Der Gefreiter ging mit uns zur Küche, der Koch der Pioniere schöpfte uns den Eintopf ins Eßgeschirr. Der kleine Schleifer-Feldwebel stand auch dabei und kontrollierte, ob unsere Finger schön gewaschen waren und niemand Schmutz unter den Nägeln hatte. Nach dem Essen gingen wir wieder in den Saal zu unseren Koffern zurück. Dort ließ uns der Feldwebel wieder antreten. Danach kam ein langsam schreitender Oberleutnant zur Tür herein. Der Feldwebel schrie „Achtung" und machte dem Offizier laut und zackig Meldung. Dieser hielt eine kurze Ansprache und fragte, ob jemand am Fallschirmspringen Interesse hätte. Dazu meldete sich allerdings niemand. Anschließend wurden wir vom Unteroffizier waffengattungsmäßig zusammengestellt. Zwanzig bis dreißig Mann kamen zum Artillerieregiment 109. Ein Pioniergefreiter brachte uns nach Wien und übergab uns beim Objekt 3 im Arsenal der Wache.

Dort schickte man mich auf Stube 183. Auf einem Zettel stand alles, was ich zu tun hatte. Der Stubenälteste, ein Gefreiter, zeigte mir mein Bett und meinen Spind[62]. In dem Raum waren zehn Stockbetten. Unter mir hatte eine gewisser

Elsinger Pepi aus Wien sein Bett bereits gerichtet. Er war um vier Stunden früher gekommen und auch schon eingekleidet. Mir kam seine Erfahrung zugute. „Und valier jo dein Laufzettl ned, wo ois draufsteht, wost hinmuaßt!", meinte er, „in de Bekleidungskammer, in de Schreibstubm, in de Woffnkammer usw. Und übaroi kriagst an Stempe. Und waunst du di mit den Glumpad zua Stubm begibts, tuast guat draun, waunst rennst dabei. Geh jo ned laungsam, wei sunst liegst mit de Klamottn glei am Bauch. Und griaß olle dabei, indemst die Birn ruckartig zu dem Betreffendn hinreißt, und wauns da Kanonier[63] Arsch is!" Tatsächlich hatte ich in einer knappen Stunde alles erledigt. Auf der Innenseite der Spindtüre hängte ein Plan, wie der Kasten einzuräumen war. Die Zivilkleider mußten wir in unseren Koffer geben und in einen bestimmten Raum zur Aufbewahrung tragen.

Inzwischen hörten wir auch schon den UVD, den Unteroffizier vom Dienst, am Gang pfeifen und schreien: „Káffeeholer raustreten!" Ich erinnere mich noch gut daran, was es zum ersten Nachtmahl gab: den schwarzen, ungezuckerten Malzkaffee, einen Wecken Brot für zwei Tage, ein bißchen Streichwurst und ein paar Quargel. Danach bereitete uns der Stubenälteste auf den Stubendurchgang des UVD um zehn Uhr abends vor. Er teilte einen Stuben- und einen Flurdienst für die ganze Woche ein und sagte uns den Wortlaut der Meldung, die der Stubendienst dem UVD beim Betreten der Unterkunft zu machen hatte. Alle anderen mußten zu diesem Zeitpunkt schon im Bett sein. Gar nicht lange nach zehn hörten wir auf dem Gang Schritte näherkommen. Als der UVD das Zimmer betrat, fuhr der Stubendienst mit den Absätzen zusammen und begann mit seiner Meldung. Doch nach einigen Worten blieb er stecken. Dabei rutschte einem Rekruten im Bett ein kurzer Lacher heraus. „Wer war dat?", fragte der UVD ganz ruhig. Keiner meldete sich. Der UVD drehte sich langsam um 180 Grad und blickte dabei auf die Betten. „Wer war dat, habe ick jesagt!", wiederholte er wesentlich schärfer. Auch diesmal kam keine Antwort. Da schrie der UVD, so laut er konnte: „Aus den Betten, marsch, marsch! Unter die Betten, marsch! Gasalarm!" Schnell mußten wir dann die Gasmasken aufsetzen und auf dem Fußboden robben. Schließlich kam ein „Achtung" des UVD mit den Worten: „Ich komme in einer halben Stunde wieder, inzwischen bringt ihr die Stube auf Hochglanz. Ist dat klar?" Wir blieben alle stumm. „Ob dat klar ist, habe ick gesagt. 'Jawohl Herr Unteroffizier' heißt dat, verstanden! Und wenn ich wiederkomme, steht jeder im Drillichgewand vor seinem Spind." Dann drehte er sich um und ging.

Wir machten sofort die Betten, kehrten zusammen, wischten Staub und putzten. Der Stubendienst hätte halt dem UVD melden sollen: „Stubendienst Kanonier N. N., Stube 183 belegt mit einem Gefreiten und 20 Mann, 21 Mann anwesend, krank und Nachturlaub keiner. Die Stube wurde ordentlich gereinigt!" Nach einer halben Stunde kam er tatsächlich wieder, und wir standen alle stramm vor unseren Spinden. Er sah uns alle an, dann drehte er sich um, sagte „Gute Nacht" und ging wieder. Das war mein erster Tag bei den Preußen! Nach dem zweiten Niederlegen dachte ich an die harmonische, ruhige Nacht bei der Lehrerfamilie in Neustift.

Am nächsten Tag war um sechs Uhr Wecken. Wir hörten den UVD auf den Gängen pfeifen und schreien: „Batterie[64] aufstehen!" Gleich schrie auch unser Stubenältester: „Alle aus den Betten!", denn der UVD ging gerne in die Zimmer und überzeugte sich, ob alle auf waren. Der nächste Pfiff war: „Flurdienst raustreten!" Sie mußten den Gang und die Stiege aufwaschen, die Aborte und Waschräume wieder in Ordnung bringen und noch einiges mehr. Bald darauf hieß es: „Káffeeholer raustreten!" Der Stubendienst nahm die Kaffeekanne und trat auf dem Gang draußen vor dem GVD, dem Gefreiter vom Tag, an. Dieser kontrollierte die Kannen bezüglich Sauberkeit. Der UVD stand im Waschraum und schaute, ob sich jeder rasierte und beim Waschen das Hemd auszog. Auch auf das Zähneputzen wurde großer Wert gelegt. Vor sieben Uhr pfiff er dann: „Batterie, fertigmachen zum Dienst!"

Langeweile hatte man in dieser Stunde keine, überhaupt wenn man zum Flur- oder Stubendienst eingeteilt war oder dem Unteroffizier die Stiefel putzen mußte. Beim Antreten um sieben mußte in der Stube alles in Ordnung sein. Um punkt sieben folgte auf den lauten Pfiff der Befehl: „Batterie, zum Dienst antreten!" Einer von uns riß die Stubentür auf, und im Affentempo liefen wir alle auf den Gang hinaus, wo wir uns der Größe nach in Dreierreihen aufstellten. Bevor wir richtig standen, wurden wir vom UVD und anderen Unteroffizieren hin- und hergejagt. Dann machte er dem Spieß[65] Meldung: „Batterie zum Morgenappell angetreten!" Nun ließ der Spieß vom ersten bis zum letzten Mann abzählen und machte sich in einem Büchlein, das er seinem Uniformrock entnommen hatte, Notizen. Dann folgte eine Belehrung. Kurz darauf befahl er: „Batterie, stillgestanden, richt' euch!" Das „Stillgestanden" war ein reines Geknatter mit den Absätzen, auch das Ausrichten funktionierte noch nicht. Doch für ein ordentlichen Aufstellen blieb dem Spieß keine Zeit mehr, weil sich bereits der Batteriekommandant, ein Oberleutnant, mit langsamen Schritten näherte. Der Spieß kommandierte: „Batterie, stillgestanden, die Augen links!", worauf die Meldung „Batterie zum Dienst angetreten" folgte. Auch der Oberleutnant hob seine rechte Hand bis zur Kopfbedeckung und sagte: „Danke, guten Morgen Batterie!" Wir mußten mit „Guten Morgen Herr Oberleutnant" antworten. Er belehrte uns dann mit ähnlichen Worten wie der Spieß, von Rechten des Soldaten haben beide nichts gesagt. Schließlich ein „Achtung" des Spieß', und der Oberleutnant entfernte sich. Anschließend wurden wir auf die Stuben befohlen.

Kaum waren wir in der Unterkunft, hörten wir schon wieder das schrille Pfeifen des UVD. Dieser Ton ging uns von Anfang an durch und durch. „Batterie austreten zur Singstunde!" hieß es nun. Im Laufschritt rannten wir in den großen Saal. „Los, bewegt euch, bewegt euch ihr faulen Säcke! Könnt ihr nicht oder wollt ihr nicht? Los, Bewegung, Bewegung!" so wurden wir von den Ausbildnern getrieben. Die Singstunde dauerte eine knappe Stunde. Das erste Marschlied, das wir lernten, war „Die blauen Dragoner"[66]. Dann kamen der „Westerwald"[67] und „Schwarzbraun ist die Haselnuß"[68] an die Reihe. Danach liefen wir eiligst in unsere Stuben, taten das Büchel mit den aufgeschriebenen Liedern in den Spind, und schon wieder wurde gepfiffen: „Batterie, im Hofe zum Fußdienst antreten!" Wir sprangen ohnehin wie Hunde über die Stufen hinunter, und dennoch war es ihnen zu langsam. Beim Antreten in Dreierreihen hatten wir uns schon das Glied, in dem wir standen, und die Kollegen links und rechts gemerkt. Das klappte so halbwegs, aber sonst war allerhand los. Der eine hatte keine Handschuhe an, der andere seine Uniformbluse noch offen und einige hatten vom Singen noch die Turnschuhe an. „Einer für alle, alle für einen! Auf die Stuben, marsch, marsch! In einer Minute seid ihr wieder herunten!" Nach einigem Auf- und Abjagen über die Stiegen marschierten wir endlich auf den „Schleifer-Fußdienstplatz"[69]. Das Ganze war in den ersten zwei Stunden nur ein gruppenweises Antreten, ein Hinlegen zu Fliegerdeckung oder Gasalarm und ein Auf-marsch-marsch-Schreien der Ausbildner. Da lernten wir auch das Grüßen durch Anlegen der rechten Hand an die Kopfbedeckung bzw. den „Deutschen Gruß" (Heil Hitler).

Schließlich pfiff der aufsichtshabende Leutnant, ließ die Batterie in Dreierreihen antreten und befahl den Rückmarsch. Dabei mußten wir singen. „Drei, vier!" riefen die ersten, und die „blauen Dragoner" wurden angestimmt. Das klang falsch! So gab es gleich wieder Fliegerdeckung, Gasalarm, Gasmasken aufsetzen. Das Singen mit den Gasmasken klappte erst recht nicht. Endlich befahl der Leutnant das Abnehmen, wir marschierten dann ohne Gesang in den Hof und begaben uns auf die Quartiere.

Kaum hatten wir uns ein wenig erholt, hieß es: „Batterie zum Essensempfang raustreten!" Während des Anstellens zum Essen wurden Eßgeschirr und Fingernägel kontrolliert. Wer dabei auffiel, mußte in der Freizeit verschiedene „Dreckarbeiten" machen. Manche hatten auch den Unteroffizieren die Stiefel zu putzen. Am Nachmittag hatten wir einen neunzigminütigen Unterricht über die 15er-Haubitze. Anschließend marschierten wir zum Geschützexerzieren auf den Kasernenplatz. Dabei gab es das „gleiche Theater" wie beim Marschieren zum Fußdienst. Ein Ausbildner und acht Rekruten stellten eine Geschützbedienung dar. Nachdem wir die Haubitze mit der Lafette[70] aus der Garage geschoben hatten, war die erste Arbeit das Rohr auszuziehen.

Dann zeigte der Ausbildner alle Teile, die wir schon im theoretischen Unterricht erklärt bekommen hatten. Jedem Mann wurde eingebleut, welche

Aufgabe er im Ernstfall habe. Nun wurde das Rohr wieder in die ursprüngliche Lage gebracht. Dann traten wir alle acht hinter dem Geschütz in einer Reihe an. Ich wurde mit drei anderen den Erdsporen zugeteilt, die wir dann auf Kommando von den Holmen hoben, je zwei Mann einen Sporn mit etwa 85 kg. Die anderen brachten das Rohr nach vorne, spreizten die Holme auseinander und hoben sie dabei an, damit wir die Sporen ansetzen konnten. Dann trugen zwei unserer Viererpartie die Geschoße herbei und stellten die Zünder ein, die beiden anderen richteten die Kartuschen mit den passenden Ladungen her. Die restlichen vier Mann hatten das Geschütz zum Abschießen fertigzumachen. Abschließend meldete der Richtkanonier: „1. und 2. Geschütz feuerbereit!" Das Ganze ging den Ausbildnern freilich wieder viel zu langsam. Einige Male mußten wir zur Strafe zu zweit mit dem schweren Erdsporn um das Geschütz laufen, die anderen rannten mit den Holmen im Kreis herum. Bei der Meldung des Richtkanoniers standen alle stramm auf ihrem Platz, der Richtkanonier bei der Libelle[71], der Ladekanonier beim Verschluß, je ein Mann bei den Holmen, zwei bei den Kartuschen und zwei bei den Geschoßen.

Hatte irgendetwas nicht geklappt, ging das „Affentheater" wieder von vorne los. Dann schrie der Ausbildner aus Leibeskräften: „Erstes Geschütz, Stellungswechsel!" Blitzschnell sollte jetzt das Ganze in umgekehrter Reihenfolge gemacht werden. Geschoße und Kartuschen wurden eingepackt, die Richtaufsätze abmontiert, die Holme angehoben, die Erdsporen abgenommen, die Holme auf die Lafette gelegt und die Erdsporen links und rechts auf die Holme gehängt. Standen wir bei der Meldung nicht stramm oder saß dem einen oder anderen der Stahlhelm auf der Nase oder im Genick, hieß es gleich: „Tiefflieger von vorne!" Und schon lagen wir im Dreck! Nach dem Fliegeralarm kam das Geschützexerzieren mit der Gasmaske. Das war fürchterlich, weil man zu wenig Luft bekam. So ging das zwei Stunden lang. Schließlich mußten wir die schweren Haubitzen wieder in die Garage schieben.

Waren wir dann auf der Stube, wurde schon wieder gepfiffen und der Arbeitsdienst zum Raustreten befohlen. Das waren jene Rekruten, die tagsüber aufgefallen waren und zur Strafe arbeiten mußten. Abends kam der Dienstplan für den nächsten Tag auf das Schwarze Brett, unter anderem auch, was zu Mittag vor dem Dienst kontrolliert werden würde. Da stand z. B. „Waffenappell" oder „Appell mit dem Lederzeug" usw. Hieß es dann am nächsten Tag „Batterie, zum Waffenappell raustreten!", eilten wir mit den Waffen auf den Gang hinaus und stellten uns schnell in Reih und Glied an. Da stand dann auch schon der Spieß und befahl: „Erstes Glied zwei, zweites Glied einen Schritt vortreten!" Nun gingen die Unteroffiziere durch die Reihen und kontrollierten. Wer etwas nicht in Ordnung hatte, wurde links hinaus geschickt. Ging dabei der Betreffende zu langsam, rief gleich ein Unteroffizier: „He, Sie da, zurück, marsch, marsch, hinlegen, auf, marsch, marsch!" Alle „links draußen Stehenden" wurden vom UVD aufgeschrieben. Sie hatten dann in ihrer Freizeit als Arbeitsdienst verschiedene Arbeiten zu machen. Oft dauerte der Appell so lange, daß fast keine Zeit zum Mittagessen blieb.

So vergingen die Tage und Wochen: Unterricht, Singen, Appell, Exerzieren, Geschützexerzieren, Strafarbeiten usw. Dabei täglich mehrere Male die Stufen auf- und ablaufen, jeden grüßen und vor jedem stramm stehen, wischen, putzen und reiben, damit waren wir ständig beschäftigt. Der Mittagsappell entfiel, wenn wir auf den Laaerberg zur Gefechtsübung marschierten oder nach Bruck an der Leitha zum Scharfschießen fuhren. Kamen wir dann „voll Dreck und Speck" zurück, mußten wir waschen und putzen, um am nächsten Tag alles in Ordnung zu haben. Zum theoretischen Unterricht im Lehrsaal gehörte auch die Waffenkunde und die Belehrung über das Benehmen der Rekruten außerhalb der Kaserne. Ebenso wurden wir über Namen, Dienstgrad und Funktion unserer Vorgesetzten bis zu den Aufgaben von Göring und Goebbels und den Geburtstag des Führers unterrichtet.

In den ersten drei Wochen hatten wir keinen Ausgang, das heißt, wir konnten die Kaserne in unserer Freizeit nicht verlassen. An einem Sonntagnachmittag führte uns dann der Stubenälteste zum ersten Mal hinaus, wobei er peinlich darauf achtete, daß sich jeder vorschriftsgemäß benahm. Vorher hatte er unseren Haarschnitt gründlich kontrolliert und darauf geschaut, ob die Stiefel ordentlich geputzt waren. Wir gingen vom Arsenal durch den Schweizerpark und die Fasangasse hinunter in den Prater und wieder zurück. Dabei fühlten wir uns das erste Mal ein bißchen wohl, weil wir locker und bequem gehen durften. Das hatten wir schon fast verlernt gehabt. Ungewohnt war es auch, daß der Stubenälteste mit uns in normalem Tonfall sprach. Damit die Hose einen schönen Bug hatte, befeuchteten wir sie am Samstagabend und legten sie zwischen Leintuch und Strohsack. In der Folge gab es dann die Ausgangssperre als zusätzliche Strafe, wenn man bei einem Appell negativ aufgefallen war.

Drei Monate dauerte die Rekrutenausbildung. Als wir nach sieben Wochen alleine ausgehen durften, ging ich mit Stubenkollegen auch gerne in den Prater. Dabei trafen wir einmal zwei von unserem Regiment, die ihre Rekrutenzeit schon hinter sich hatten und somit zur Altmannschaft gehörten. Als wir mit ihnen über unsere Ausbildung sprachen, fragte uns der eine, ob wir schon einen „Maskenball" gehabt hätten. Wir waren neugierig, was das sei, aber sie verrieten uns nichts. „Des werds schon segn, des Masknbeu[72] wird schon nou kema!"

Eines Tages, so im letzten Drittel unserer Rekrutenausbildung, war auf dem schwarzen Brett für den nächsten Tag zu lesen: „Geschützexerzieren im Übungsgebiet Laaerberg!" Das hörte sich vorerst gar nicht so schlecht an. Die Geschütze wurden mit Zugmaschinen hinaufgebracht, auch eine Feldküche fuhr mit. Dann wurde freilich bis zum Abend ausgiebig exerziert. Als es finster wurde, rief der Leutnant: „Batterie zum Heimmarsch vor den Geschützen angetreten!" Die Altmannschaft durfte mit den Fahrzeugen mitfahren, wir mußten marschieren. Obwohl das Singen nicht so recht klappte, mußten wir kein einziges Mal auf den Boden. Das kam uns seltsam vor. Im Hof beim Objekt 3 hieß es dann: „Abteilung halt, rechts um auf die Stuben weggetreten!" Obwohl wir schon „hundsmüde" waren, begaben wir uns sofort in den Waschraum, um Stiefel und Uniform zu reinigen. Da wurde gedrängt, weil längst nicht alle Platz hatten. Als ich so dastand und nicht zu einer Wanne konnte, erinnerte ich mich an eine Zuchtsau des Grubenbauern. Sie hatte bei einem Wurf einmal mehr Ferkel gehabt als Zitzen, und die Kleinen hatten genauso herumgestoßen wie wir im Waschraum. Da ertönte ein Pfiff und der Befehl:

„Flurdienst und Káffeeholer raustreten!" Weil ich Flurdienst hatte, rannte ich schnell in die Stube zurück, stopfte die dreckigen Klamotten in den Spind, zog meinen Drillich an und trat zum Gang- und Stiegenwaschen an.

Wir waren noch nicht fertig, als ein Wachtmeister pfiff: „Batterie in fünf Minuten feldmarschmäßig angetreten!" Jetzt ging es in den Stuben drunter und drüber, als hätte man mit einem Stock in den Ameisenhaufen gestochert. Viele hatten den Waschraum mit dem schmutzigen Zeug verlassen, auf der Stube wurde mit dem Gewand herumgefetzt. Als ein Unteroffizier während des hastigen Umziehens die Stube betrat und niemand „Achtung" rief, jagte er uns auf den Gang und schrie: „Hinlegen!" Beim folgenden Raustreten war natürlich kaum einer „feldmarschmäßig" angezogen. Der Spieß sah uns streng an und rief: „Was, das nennt ihr feldmarschmäßig? Wollt ihr mich verarschen, ihr Heinis? Ab mit diesem Sauhaufen!" Jetzt mußten wir in den Hof hinunter und dort „hinlegen" und „aufstehen" üben. Anschließend sprangen wir die Treppen wieder hoch. Oben angekommen, ließ uns der Spieß zur Meldung an den Leutnant in Dreierreihen antreten. Letzterer befahl: „In drei Minuten habt ihr alle in der Ausgangsuniform hier anzutreten!" Nun wußten wir, was der Kamerad mit „Maskenball" gemeint hatte.

Dieser „Zirkus" wiederholte sich, solange ihnen etwas einfiel. Dabei mußten wir in der Dienstuniform, im Drillichzeug, in der Turnhose mit Leibchen, im Nachthemd mit Stahlhelm, Gasmaske und Koppel und zuguterletzt noch einmal feldmarschmäßig antreten. Anschließend war Putz- und Flickstunde, Spind- und Stubenaufräumen, solange, bis den kontrollierenden Herren alles paßte. In so manche Stube kamen sie dabei drei- bis viermal. Wir auf Stube 183 gingen erst um halb drei Uhr früh ins Bett. Um sechs Uhr morgens war dann Tagwache, und der Dienst ging ganz normal weiter. So vergingen auch diese drei Monate.

„Kanonier Harreiter möchte sich zur Sturmartillerie melden!“

Über das Schwarze Brett erfuhren wir eines Tages, daß südlich von Berlin eine neue Waffengattung, die „Sturmartillerie“, aufgestellt würde. Zu dieser Einheit konnten sich Mechaniker, Schlosser und Elektriker melden. Mein Bettnachbar, der Wiener Pepi Elsinger, meldete sich, weil er gelernter Elektriker war. Zu mir meinte er, ich solle in der Schreibstube sagen, daß ich gelernter Schlosser sei. „Weilst jo e zwa Joahr in ana Werkzeigfabrik goawat host, foid des jo goa ned auf, geh glei viri!“, redete er mir zu, „während de aundan in Schützngrobn liegn, kennan mia weida hintn aun de Foahrzeige und Geräte oawatn. Geh, sei do ned so bled, geh viri!“

Mit gemischten Gefühlen ging ich dann doch in die Schreibstube, mit gemischten Gefühlen deswegen, weil ich ja kein gelernter Schlosser war. Was würde sein, wenn eines Tages alles ans Tageslicht käme? Während des Gehens überlegte ich noch. Doch dann klopfte ich an, betrat die Stube, schlug zackig die Fersen zusammen und erhob die rechte Hand zum Deutschen Gruß. Der Spieß musterte mich von oben bis unten und fragte kurz: „Was wünschen Sie?“ „Kanonier Harreiter vom 2. Zug möchte sich zur Sturmartillerie melden.“ „Und weswegen?“ „Weil ich gelernter Maschinenschlosser bin und bei der Sturmartillerie Schlosser und Elektriker gebraucht werden“, gab ich zur Antwort. Da ging der Spieß ein paar Schritte auf mich zu und sagte: „Brav, immerhin haben wir jetzt schon zwei Leute, die sich freiwillig dazu melden, Kanonier Elsinger und Sie. Freut mich, daß wir keine Leermeldung machen müssen! Der Obergefreite Birnstingl wird Sie gleich über alles informieren.“ Da fiel mir ein Stein vom Herzen.

Der „Schreibstubenbulle“ bot mir dann sogar einen Sessel an. Daß es so etwas bei diesem Verein auch gab, war kaum zu glauben. Dann fuhr er fort: „Beim Morgenappell am 10. Mai treten Sie gleich ohne allem mit Kanonier Elsinger am linken Flügel an. Mit diesem Laufzettel müssen Sie bis zum Nachmittag alles erledigen; der Zettel muß von allen Stellen unterschrieben sein. Sie brauchen keinen Dienst mehr machen. Sollte Ihnen ein Vorgesetzter etwas befehligen, melden Sie ihm, daß Sie bereits abgeordnet sind. Gegen 18.00 Uhr geht vom Franz Josefs-Bahnhof Ihr Zug über Prag nach Berlin. In Berlin steigen Sie um und fahren mit dem Personezug etwa 50 km in Richtung Halle, bis Kloster Zinna. Dann marschieren Sie bis zur Ausbildungsabteilung der Sturmartillerie, die im Adolf Hitler-Lager stationiert ist, das ist im Wald zwischen Luckenwalde und Jüterbog. Ist alles klar?" „Jawohl, Herr Obergefreiter!" Wieder ein zackiger Gruß, eine Kehrtwendung, und ich war draußen.

Als ich auf die Stube kam, fragte mich Pepi: „Nau, wia is gaunga?" „Ois in bester Ordnung", gab ich ihm zur Antwort, „do kinn ma am 10. Mai olle zwoa mid unsan Laufzedl glei übaroi hingehn." Das taten wir dann auch. Wir fühlten uns recht wohl dabei, weil wir auf kein Pfeifen mehr achten mußten und uns alles nichts mehr anging. Teilweise sahen wir von der Stube aus zu, was auf dem Exerzierplatz los war. Das Schreien und Kommandieren da unten ließ uns kalt. Sogar in die Kantine gingen wir während der Dienstzeit.

Um halb vier Uhr nachmittag gingen wir zur Straßenbahn und besuchten kurz Pepis Eltern. Ich weiß heute nicht mehr, wo sie gewohnt haben, eines aber blieb mir in Erinnerung: Seine Mutter weinte, als sie uns vom Fenster aus nachsahen und winkten, bis wir verschwunden waren. Ich hätte damals auch meine Eltern noch einmal gerne gesehen. „Oba moch dir nix draus, noch dem Lehrgaung in Jüterbog kriagn ma bestimmt Urlaub", tröstete mich Pepi.

Pünktlich fuhr unser Zug vom Franz Josefs-Bahnhof ab. Als es richtig finster wurde, waren wir schon in Böhmen. Dann knotzten wir uns in eine Ecke und schliefen. Als wir aufwachten, waren wir zwischen Dresden und Berlin. Dort hatten wir nach einer knappen Stunde Aufenthalt den Anschlußzug nach Kloster Zinna. Im Adolf Hitler-Lager angekommen, hatten wir uns beim Wachhabenden zu melden. Auf seiner Liste standen auch unsere Namen, und er teilte uns mit, zu welchem

Gebäude und zu welcher Batterie wir zu gehen hatten. In unserer Stube waren 18 Mann, Preußen, Schwaben, Norddeutsche, ein Kärntner und wir zwei, alles Schlosser, Elektriker, Mechaniker. Auch ein paar Gefreiter waren dabei, einer davon Stubenältester.

Am Schwarzen Brett las ich dann, daß ich als künftiger Panzerwart an einem vierwöchigen Lehrgang teilzunehmen hätte. Ob das alles gut gehen würde? Elsinger Pepi tröstete mich und sagte: „Ba den Lehrgaung muaßt di scho zaumreißn, und nou wos, ollas wos eich theoretisch in Schuizimma lernand, lernst am bestn auswendig. Wei waunst du gfrogt wirst und du kaunst ois richti und wia aus da Pistoin gschossn beauntwortn, daun host scho gwunga! Daun schauns af dei praktische Oawat ned so." Er selbst kam zum Lehrgang für Elektrotechniker.

Nun waren wir also im Adolf Hitler-Lager bei Jüterbog, mitten im Preußenland! Für die ganze Woche war wie in Wien ein Stuben- und Flurdienst eingeteilt. Um zehn Uhr abends war Bettruhe, und da kam auch der UVD, hörte sich die Meldung an, sah sich ein wenig um, sagte „Gute Nacht!" und ging wieder. Alle wunderten sich, daß das so kurz und schmerzlos ging. „Sand eh ned zwida, die Preißn!", dachte ich mir. Beim Wecken um sechs Uhr rief der UVD: „Lehrgangsteilnehmer aufstehen!" Jetzt waren wir nicht mehr Rekruten sondern „Lehrgangsteilnehmer" und begaben uns schön langsam aus den Betten, einige blieben sogar noch liegen und taten so, als hätten sie das Pfeifen nicht gehört. Da stand plötzlich ein Wachtmeister mitten im Zimmer: „Ach, ist das schön für diese Herren, hier in einem Nobelhotel Urlaub zu machen!" Und dann begann er zu schreien, daß alle erschraken: „Aus den Betten, marsch, marsch!" Sofort mußten wir auf den Exerzierplatz hinunter. Nach einer halben Stunde waren wir wieder auf unseren Stuben, ganz verschwitzt und voll Schmutz, war doch so mancher nur mit dem Nachthemd bekleidet gewesen. Auf dem Kasernenplatz waren auch noch andere Gruppen zum Strafexerzieren gewesen. So verschafften sich unsere Vorgesetzten von Anfang an Respekt und zeigten uns, daß sie die Herren sind.

Von sieben bis neun Uhr fand dann in einem großen Saal ein Vortrag über den Panzermotor und das Fahrgestell des Panzers 3 statt. Ein Oberwachtmeister trug vor und diktierte zum Mitschreiben. Abends schrieb ich dann alles sauber in ein Heft und lernte fleißig mit. Um neun Uhr marschierten wir gruppenweise in die Werkstatt, wobei wir Marschlieder singen mußten. Wenn das nicht klappte, gab es Fliegerdeckung! In der Werkstatt wurden die Motoren mit Hilfe eines Kranes ausgebaut und der ganze Panzer zerlegt bzw. wieder zusammengebaut. Bei jedem Einzelteil bekamen wir die Funktion erklärt. Ich muß sagen, daß ich als Nichtfachmann dabei nicht auffiel. Freizeit hatte ich wegen des vielen Lernens wenig, aber ich schaffte die Abschlußprüfung mit Erfolg und war nach vier Wochen ausgebildeter Panzerwart.

Nun wurden wir an die Front versetzt und der Sturmgeschützbrigade 244 zugeteilt. Sie lag drei Kilometer entfernt im ausgesiedelten Dorf Zinna. Auf unserem Marschbefehl stand: „Brigade 244, 1. Batterie!“ Jede Brigade hatte vier Batterien, eine Stabsbatterie und drei Kampfbatterien mit je sieben Sturmgeschützen, die dem Panzer 3 ähnlich waren. Die Sturmgeschützbrigaden gehörten an der Front keiner Division an, sie unterstanden der Armee und wurden vom kommandierenden General dorthin beordert, wo sie gebraucht wurden. Gerne setzte man sie zur Unterstützung der Infanterie[73] ein.

Es war schon ein recht warmer Tag im Juni, als der Elsinger Pepi als Elektriker und ich als Panzerwart ohne jedes Gepäck nach Dorf Zinna marschierten. Dort angekommen, meldeten wir uns in der Schreibstube. Der Spieß sah sich unseren Marschbefehl an und zeigte uns dann das Quartier. Ich kann mich noch gut erinnern: Hauptstraße 12, Stube 3! In einem ehemaligen kleinen Wohnhaus waren vier Räume für je sechs Mann zu Soldatenstuben eingerichtet worden. In jeder Stube standen drei Stockbetten. Warum Elsinger in ein anderes Quartier kam, wußten wir nicht. Von meinen Zimmerkollegen kannte ich keinen einzigen. In so einem Häuschen fühlte man sich gleich ein bißchen wohler, obwohl es auch einen UVD, einen Dienstplan, das Wecken um sechs Uhr, zehn Minuten Frühsport, um sieben das

Antreten, dann Marschieren, Singen und Exerzieren gab. Wir faßten die Frontausrüstung aus und hatten auch Unterricht. Gleich am ersten Tage fiel ich auf und mußte zur Strafe in der Nacht Wache stehen.

Nachmittags war Arbeitsdienst! Sieben Panzerwarte mit sieben Panzerfahrern machten an ihren Sturmgeschützpanzern folgende Arbeiten: Lauf- und Stützräder schmieren, Lenk- und Stützbremsen entlüften und einstellen, Stahlplatten aufschweißen, usw. Dabei hatte ich immer Angst, daß ich einmal schweißen müßte, was ich nicht konnte. Es kam aber nie dazu, weil der Fahrer Unteroffizier Franz selbst gerne schweißte. Wir Panzerwarte gehörten dem Instandsetzungstrupp, dem I-Trupp, an und unterstanden dem Schirrmeister[74] Lang. Zu diesen 15 Mann gehörte auch Pepi Elsinger, der mich gerne den „Gschertn"[75] nannte. Ich sagte „Weana-Bazi"[76] zu ihm. Während dieser Neuaufstellung in Dorf Zinna warteten alle auf einen Urlaub, doch es wurde keiner gegeben.

So vergingen einige Tage, und gegen den 20. Juni 1941 ging der UVD einmal vor dem Essenfassen wild pfeifend auf der Dorfstraße und rief: „Batterie vor der Schreibstube antreten!" Nach den üblichen Meldungen teilte uns der Oberleutnant Folgendes mit: „Männer der 1. Batterie, habe den Befehl erhalten, daß wir uns heute gegen 21.00 Uhr voll ausgerüstet, auf Eisenbahnwaggons verladen, in Richtung Polen in Marsch setzen müssen und der 6. Armee zugeteilt werden, um dort unsere Gefechtsübungen abzuhalten. Dieser Befehl gilt für die ganze Brigade. Während dieser Überstellung verlange ich Ordnung und Disziplin. Habt ihr verstanden!" „Jawohl, Herr Oberleutnant!"

Dann stellte sich der Spieß vor uns und sagte: „Um 16.00 Uhr sind wir auf dieser Dorfstraße da in Richtung Bahnhof Jüterbog marschbereit. Vorher ist noch ein Stubendurchgang vorgesehen, damit keine Unordnung zurückbleibt. Weggetreten!" Nun ging es gleich wie in einem Bienenhaus zu. Sofort wurden alle Fahrzeuge kurz gestartet, Motorräder, Lastkraftwagen, Zugmaschinen, Munitionsfahrzeuge, Sturmgeschützpanzer und der offene Pkw des Chefs. Das war ein Lärm und ein

Gestank! Ein jeder packte, rannte und lud auf. Dann fuhr ein Fahrzeug nach dem anderen von den Innenhöfen zwischen den Häusern auf die Straße. Diese Aufstellung der Fahrzeuge wurde von einem Schirrmeister und einem Leutnant geleitet und überwacht. Auch die anderen Unteroffiziere kommandierten und schafften an. Um punkt Vier war dann alles marsch- und fahrbereit, die ganze Brigade mit etwa 500 Mann. Ganz vorne stand der Major, der Brigadekommandeur, mit zwei Kradmeldern[77].

Langsam, aber laut motorheulend setzten sich die Fahrzeuge in Richtung Bahnhof in Bewegung. Das Panzerkettengerassel ließ die Fensterscheiben an den Kleinhäusern neben der Straße erzittern. Als wir nach Jüterbog hineinkamen – die Stadt hatte damals etwa 30 000 Einwohner – , standen die Leute rechts und links. Manche winkten, andere schauten neugierig. Vor der Kopframpe am Bahnhof ließ der Major anhalten. Er schickte einen Kradmelder mit diesem Befehl zu den Batteriechefs zurück: „Jede Stunde wird eine Batterie über die Kopframpe verladen, nach zwei Stunden rollt stündlich eine Batterie in Richtung Berlin ab. Es darf sich niemand von der Einheit entfernen!" Für die richtige und sichere Verladung auf die Bahn waren bei jeder Batterie ein Leutnant und der Schirrmeister verantwortlich. Unsere 1. Batterie rollte tatsächlich als zweiter Transport vom Bahnhof weg. Es war noch schön hell. Vorher hatte der Koch einen schwarzen Kaffee und der Fourier[78] die Kaltverpflegung ausgegeben, der Spieß hatte für den Fall des Anhaltens des Zuges eine Wache eingeteilt. Zum Schlafen bettete sich die Mannschaft auf die Fahrzeuge, manche stellten sich auf dem Waggonplateau ihr Zelt auf.

Als es nach der Morgendämmerung so richtig hell wurde, waren wir schon in Polen. Dann aber ging es schleppend weiter. Bis wir südlich von Warschau/Warszawa ausgeladen hatten, war noch der ganze Tag und die folgende Nacht vergangen. Das Ausladen klappte, weil jeder seine Arbeit wußte. Wir fuhren von einer großen Seitenrampe herunter und stellten die Fahrzeuge dann außerhalb der Ortschaft in einem kleinen Buchenwald ab. Die Panzer wurden mit Granaten bestückt, alle Fahrzeuge vollgetankt. Wir Kanoniere fühlten uns im Wald gleich wohl, weil wir bisher nur Drill und Kasernenhof erlebt hatten. Je vier Mann stellten ein Zelt auf, weil man dazu vier Planen brauchte. Es war wohl eng, doch es ging. Von der Feldküche sahen wir Rauch aufsteigen, man hörte kein Pfeifen und kein Schreien. Dort und da standen einige diskutierend beisammen, andere lagen in ihren Zelten. So mancher kam mit Heu daher und gab es als Unterlage ins Zelt. Eigentlich angenehm, romantisch! Als es stockfinster geworden war, wurde es im Lager ruhig. Bisweilen hörte man die Schritte patrouillierender Wachposten.

Am nächsten Tag mußten wir um sieben antreten. Dabei fiel uns auf, daß nur der Spieß und der wachhabende Unteroffizier anwesend waren. Der Spieß war kurz angebunden, indem er sagte: „Wir halten uns marschbereit. Ihr geht und bringt eure Klamotten in Ordnung!" Dann blätterte er in seinem Buch, weil er jemanden zum Kartoffelschälen brauchte. Er rief sechs Mann, die beim letzten Appell aufgefallen waren, namentlich auf und sagte: „Ihr meldet euch in der Küche zum Kartoffelschälen! Alle anderen weggetreten!" Den ganzen Tag hatten wir nicht viel zu tun, außer den Eintopf zu holen und die Kartoffeln zu fassen.

Der Krieg gegen Rußland hatte begonnen!

In der kommenden Nacht mußte ich mit fünf Kameraden Wache stehen. Von vier bis sechs wäre ich das letzte Mal drangekommen, doch bald nach drei wurden wir geweckt. Der Oberleutnant hatte den Befehl bekommen, mit allen sieben Sturmgeschützpanzern gegen die Bolschewiken[79] zum Kampfeinsatz zu fahren, Kradmelder hatten sie zu begleiten. Wir schrieben den 22. Juni 1941, der Krieg gegen Rußland hatte begonnen![80]

Das Aufheulen der 300 PS-starken Panzermotoren verwandelte den ruhigen Morgen in Lärm und Gestank. Die Gefechtsstaffel einer Batterie bestand aus den genannten sieben Geschützpanzern, die vom Oberleutnant, zwei Leutnants und vier Wachtmeistern geleitet wurden. Dazu gab es in jedem Panzer einen Unteroffizier als Fahrer, einen Richtunteroffizier und einen Ladekanonier. Der Troß[81] unserer Batterie hatte vorerst noch den Befehl, an Ort und Stelle zu bleiben. Zum Troß gehörte der Schreibstubenwagen, die Feldküche, wir Panzerwarte mit dem Instandsetzungstrupp, die Kraftfahrer, die Waffenschlosser, ein Schuster, ein Schneider und ein Sattler. Als die Gefechtsstaffel mit den Kradmeldern weg war, ließ der Spieß die Troßmannschaft antreten und verkündete: „Heute morgen hat der Kampf gegen die Bolschewiken begonnen, und wir alle wünschen uns auch hier einen raschen Sieg. Der Troß hält sich zum Nachfahren in Richtung Front bereit. Keiner verläßt die Einheit! Weggetreten!“ Nach dem Wegtreten machte sich unter den Soldaten ein nachdenkliches Schweigen breit, denn jeder kannte das riesige Land von der Schullandkarte her. Optimisten mischten sich tröstend ein: „Unser Führer schlägt Rußland genau so schnell kaputt wie Frankreich. Im Herbst sind wir wieder alle in der Heimat!“

Im Laufe des Tages fuhren wir dann den kämpfenden Sturmgeschützpanzern nach, etwa 40 km werden es gewesen sein. Bei dem Kolonnenfahren nach vorne sahen wir dann neben der Straße die ersten toten russischen Soldaten liegen. Mich überkam dabei ein unheimliches Gefühl. Wir fuhren durch brennende Dörfer, die Leitungsdrähte hingen kreuz und quer, deutsche Sanitätsautos begegneten uns mit den ersten Verwundeten. Es war die Hauptstraße nach Lemberg/L'wow/L'viv[82], auf der sich unser Zug bewegte: Lkws, Panzer, schwere und leichte Artillerie – motorisiert oder bespannt – und zu Fuß marschierende Infanterie. Manchmal staute das Ganze. Während eines Staus wurden wir Zeugen eines Luftkampfes, bei dem unsere Jagdflieger die langsameren russischen Maschinen abschossen.

Schließlich ließen wir uns mit dem Troß in einem kleinen russischen Dorf nieder. Mit den Fahrzeugen fuhren wir unter Bäume, außerdem mußten wir Stauden abhacken gehen, um sie zu tarnen. Gegen fünf Uhr abends wurden wir von der russischen Artillerie beschossen. Wir liefen in alle Richtungen weg und suchten Deckung, als wir die Granaten auf uns zupfeifen hörten. Zuerst trafen sie unser Lager nicht, aber die Einschläge kamen immer näher. Da ein Knall und Pulvergestank! Wir robbten weiter, suchten nach Vertiefungen im Gelände und dachten: „Wenn die doch bald aufhörten mit dem Schießen!" Nach diesem ersten Feuerzauber sammelten wir uns wieder. Einem jeden stand der Schrecken im Gesicht. Passiert war weniger, als wir gedacht hatten, nur die Fahrzeuge hatten ein paar Splitter abbekommen. Nachdem es dunkel geworden war, kamen unsere sieben Sturmgeschützpanzer zurück. Ihre Besatzungen waren verstaubt und müde. Wir tankten die Panzer auf und füllten Granaten nach. Währenddessen wuschen sich die Männer und aßen etwas. Nach ein bis zwei Stunden fuhren alle sieben wieder an die Front.

Am nächsten Tag bekamen wir um etwa acht Uhr von einem Kradmelder die Nachricht, ein Geschützpanzer sei durch einen Volltreffer in Brand geschossen worden; ein Lkw solle mit Panzergranaten nach vorne kommen und die vier toten Kameraden holen. Nachdem der Wagen mit den Gefallenen zurückgekommen war, bestimmte der Spieß zwei Mann, die eine Grube graben mußten. Am Abend kam dann der Chef im Beiwagen eines Kradmelders zurück. Wir waren alle mit dem Stahlhelm vor dem Grab angetreten, worin wir die in eine Zeltplane gewickelten

Abb. 11: Auf die Soldatengräber setzten Kameraden Birkenkreuze (Slg. Harreiter).

Toten gelegt hatten. Der Oberleutnant sprach einen kurzen Nachruf und salutierte dann vor dem offenen Grab, auch wir machten jeder eine Ehrenbezeigung. Zum Schluß mußten wir das Grab mit Erde bedecken und vier Birkenkreuze daraufsetzen. Dann gingen wir wieder unserer Arbeit nach.

In der Folge war die Tätigkeit beim Vormarsch in Richtung Kiew/Kyjiv täglich ziemlich gleich. Fast jeden Tag erfolgte ein Stellungswechsel nach vorne. Es gab Tote und Verwundete. Wir Panzerwarte arbeiteten Tag und Nacht, da bei vielen Panzern die Drehstabfedern brachen. Schließlich wurden überhaupt neue Panzer aus dem Hinterland nachgeliefert, und mit ihnen kamen neue Gesichter. Eine kurze Zeit vor der großen Kesselschlacht um Kiew/Kyjiv sah ich eines Tages in Schitomir etwas Furchtbares. Der Anblick war so schreckenerregend, daß ich einen Schock bekam, der mein Leben mit einem Schlag veränderte. Bis dahin hatte ich den Führer und das nationalsozialistische Regime kritischen Menschen gegenüber immer verteidigt, weil wir ja durch diese Politik Arbeit und Brot bekommen hatten. Nun aber hatte ich meine Meinung geändert. Was war geschehen?

Eines Tages begegnete ich vor dem Schreibstubenwagen dem Spieß. „Ja", sagte er zu mir, „wenn Sie nichts zu tun haben, dann fahren Sie mit dem Küchenunteroffizier Verpflegung fassen. Melden Sie sich gleich bei ihm!" Ich schlug meine Absätze zusammen, ein „Jawohl, Herr Hauptwachtmeister!", eine Kehrtwendung, und dann meldete ich mich bei der Feldküche. Wir hängten den Feldküchenkessel ab, dann fuhren der Küchenunteroffizier und ich mit dem leichten Lkw Verpflegung fassen. Beim Zurückfahren hatten wir uns in den schmalen Gassen am Stadtrand von Schitomir verirrt. Bei unserem Suchen hörten wir plötzlich in der Nähe Schüsse und Schreie von Menschen. Es hörte sich so an, wie wenn mit Schalldämpfern geschossen worden wäre. Wir blieben stehen und entsicherten unsere Waffen, weil wir der Meinung waren, Partisanen würden uns angreifen. Von solchen Überfällen, besonders auf einzelne Fahrzeuge, hatten wir schon öfter gehört.

Der Unteroffizier stieg aus und ging mit seiner Pistole etwa dreißig Schritte auf eine Bretterwand zu. Dort schaute er zwischen den Fugen durch und winkte mir,

Abb. 12: Panzerwarte bei der Arbeit (Slg. Harreiter).

ich solle hinkommen. Als ich durchschaute, sah ich hinter der Wand eine große Grube, die zur Hälfte mit Toten gefüllt war. Über der Grube war eine Treppe, auf die man Männer, Frauen und Kinder hinaufpeitschte. Die Kleineren waren auf den schützenden Händen ihrer Mütter, das Ganze ein einziges Weinen, Schreien und Stöhnen! War die Treppe voll, wurden diese Menschen von einem gegenüber aufgestellten Kommando in die Grube geschossen. Wer sich drinnen noch bewegte, auf den wurde noch einmal geschossen.[83]

Als wir zum Auto zurückliefen, meinte der Unteroffizier: „Armes Deutschland, so etwas muß sich einmal rächen. Die ganze Welt wird gegen uns kämpfen, und wir Deutschen werden letzten Endes auch auf so eine Treppe gepeitscht oder von der Luft aus vernichtet werden." Ich war so geschockt, daß ich keinen Ton herausbrachte. Beim Zurückfahren sagte der Unteroffizier zu mir: „Wir sagen niemandem etwas, daß wir dieses grausame Judenerschießen gesehen haben!"

Dieses Erlebnis quälte mich noch lange und ich fand keine Ruhe. Ich fragte mich auch: Warum mußte gerade ich dem Spieß begegnen? Warum mußten wir uns verfahren? Ich hätte von dieser Stunde an auf keinen russischen Soldaten schießen können. Gottseidank mußte ich es aufgrund meiner Tätigkeit als Panzerwart den ganzen Krieg nicht tun. Ich grübelte immer wieder: Was müssen das für Soldaten sein, die sich für so eine Arbeit hergeben, die unschuldige Kinder aus den Armen ihrer Mütter schießen können? Ich kam zu der Meinung, das könnten doch keine Soldaten, das müßten doch ausgesuchte Verbrecher sein. Von Konzentrationslagern hatte ich wohl schon gehört, doch ich hielt diese für Straflager. „Solche Lager hat jedes Land", sagte ich mir, „in Österreich war unter Dollfuß Wöllersdorf[84] gewesen." Dem Gerede von Judenverfolgungen hatte ich bis dahin nicht viel Gehör geschenkt. Ich war der Ansicht, es müsse ja nicht alles wahr sein, was man so hört. Von diesem Tag an aber nahm ich mir vor, daß ich alles daransetzen werde, den Krieg zu überleben. Den Führer und das Vaterland gab es nun für mich nicht mehr. Ich überlegte auch, ob ich nicht bei einer günstigen Gelegenheit zu den Russen überlaufen sollte.

Abb. 13: Neben Juden wurden auch - wie hier in Schitomir - Roma und Sinti[85] *von der SS festgenommen und in Lager gebracht (Slg. Harreiter).*

Dann hatte ich wieder Angst, sie könnten mich nach Sibirien verbannen oder gar gleich erschießen.

So mußte das Leben mit meinen Kameraden unauffällig weitergehen. In den nächsten Tagen rückten wir mit dem Troß wieder rund 100 km vor und kamen in die Nähe von Fastow. Die Kesselschlacht um Kiew/Kyjiv war schon voll im Gange, und wir mußten unseren Sturmgeschützpanzern am ersten Tag von Fastow aus Benzin, Granaten und Essen nachbringen. Am nächsten Tag überschritten wir den Dnjepr/Dnipro und versorgten von dort aus die Panzer. Bei Tag fuhren wir und verrichteten in den Feuerpausen bei den Panzern kleinere Reparaturen, in der Nacht mußten wir Posten stehen. Das ging dann so weiter, bis der Kessel östlich der Stadt geschlossen war.[86] Bei diesen Transporten hatten wir vor allem unter dem russischen Artilleriebeschuß zu leiden, Fliegerangriffe auf unsere Kolonnen fürchteten wir weniger, weil die deutschen Jagdflieger überlegen waren. Da wir auch beim Troß immer mehr Verwundete hatten und die Arbeit zunahm, gab mir der Schirrmeister einen Lkw und zwei russische Gefangene zum Mitfahren – obwohl ich nur einen Zivilführerschein für Pkw hatte. Einer saß bei mir im Führerhaus und der andere hinten oben. „Wenn sie nicht parieren", sagte der Spieß zu mir, „dann stecken Sie die beiden zu den anderen Gefangenen!" Und er meinte jene Tausend und Abertausende, die von der SS zurückgetrieben wurden und uns immer wieder begegneten. Da sah ich auch das erste Mal, wie diese armen Teufel von ihren Bewachern mit Fußtritten und Gewehrkolbenschlägen mißhandelt wurden. Bisweilen standen sie dicht gedrängt in praller Sonne auf freiem Feld, von Maschinengewehrposten umzingelt. Seit dem Erlebnis in Schitomir mochte ich die SS nicht mehr!

Meine zwei Gefangenen wichen nicht mehr von mir. Wenn wir von der Artillerie beschossen wurden, mußten wir drei den mit Granaten oder Benzin beladenen Lkw verlassen. In sicherem Abstand suchten wir Deckung, die beiden lagen genauso flach auf dem Boden wie ich. Als die Kesselschlacht dem Ende zuging, sahen wir einmal beim Zurückfahren am Waldrand einen russischen Lkw stehen. Wir blieben stehen, einer der Gefangenen setzte sich hinein und versuchte zu starten. Und tatsächlich, er sprang gleich an. Dann fragte ich den Gefangenen mit meinen bescheidenen Russischkenntnissen, ob er fahren könne. Er konnte es, und ich sagte ihm, er solle hinter mir nachfahren.

Als wir zum Troß zurückkamen, gab es vom Spieß lobende Worte: „Diesen Wagen können wir gut brauchen, auch den Fahrer. Wagen und Fahrer gehören ab jetzt zur Schreibstube und Küche!“ Ich entgegnete: „Herr Hauptwachtmeister, ich dachte, diesen Lkw dürften wir Panzerwarte behalten.“ „Ach, quatsch, was Sie schon dachten! Dafür bekommt ihr zwei Gefangene zum Helfen!“ Nichts konnte ich dagegen sagen, nur: „Jawohl, Herr Hauptwachtmeister!“ Am Abend des gleichen Tages kamen von den sieben Sturmgeschützpanzern nur mehr fünf zum Troß zurück. Der Panzerfahrer Unteroffizier Franz, bei dem ich Panzerwart war, war gefallen. Von den Besatzungsmitgliedern waren etliche verwundet. Die große Kesselschlacht um Kiew/Kyjiv war zu Ende.[87]

Fast zwei Wochen lag unsere Brigade 244 kampflos östlich von Kiew/Kyjiv. In der ersten Zeit blieben die Sturmgeschützbesatzungen von Arbeit und Wachdienst verschont, wir vom Troß und die Gefangenen hatten Arbeit genug. Schließlich war die Reinigung und Wartung von Panzern und Fahrzeugen zu machen. Nach einigen Tagen kam der Spieß auf die Idee, einen Fahrzeug- und Klamottenappell zu machen. Dabei wurde alles kontrolliert, wie wenn wir auf dem Kasernenhof im tiefsten Frieden wären. Täglich mußten wir mindestens zweimal antreten. Sah einer ein bißchen „zerknittert“ aus, mußte der Betreffende seine Stiefel und Socken ausziehen und seine dreckigen Zehen herzeigen, indem er durch die Reihen geschickt wurde. Wir sagten oft, unsere Gefangenen seien da viel besser dran. Sie hatten auch Zelte zum Schlafen, brauchten nicht anzutreten, nicht Wache stehen und konnten sich genauso wie wir den Eintopf von der Küche holen.

Während dieser Ruhepause wurden an die Geschützbedienungen Tapferkeitsauszeichnungen verliehen, einige wurden befördert. Viele sind Gefreiter geworden, ich war nicht dabei. Man hat mir wohl in letzter Zeit angemerkt, daß ich mit dem „Kriegführen“ wenig Freude hatte. Am letzten Tag der Pause gab es eine kleine Feier, bei der es Schnaps und Butter gab. Letztere war schon halb ranzig. Neben jedem Zelt war ein Feuer. Wir „organisierten“ uns Kartoffel, schälten und schnitten sie und brieten sie in der Butter. „Organisieren“ hieß es, in Wirklichkeit waren die Kartoffeln gestohlen worden. Immer lauter wurde die Meute, man sang den „Westerwald“ oder andere Kommißlieder. Unteroffiziere nahmen Leute von der Mannschaft um den Hals und prahlten mit ihren Erlebnissen. Viele waren betrunken, manche mußten sich nachher übergeben.

Am nächsten Tag war um vier Uhr morgens Tagwache, weil ein Stellungswechsel nach vorne geplant war. Beim Antreten waren viele noch recht blaß, der letzte Abend stand ihnen ins Gesicht geschrieben. Der Oberleutnant, unser Chef, gab das Marschziel von etwa 200 km bekannt. Wir waren nun wieder voll einsatzfähig, zwei neue Sturmgeschützpanzer und zwei Lkws mit Fahrern waren zum ersten Mal dabei. Ich kletterte gleich auf einen Lkw hinten hinauf und ließ mich nur zu Mittag zum Essenfassen blicken. Nachts mußte ich sicher wieder Wache stehen, so rastete ich mich wenigstens am Tag aus. Bei der Durchfahrt sahen wir in Dörfern junge Russen in Zivil als Abschreckung für die Bevölkerung auf Bäumen hängen. „Das waren Partisanen!“ hat es geheißen.

Als wir unser Ziel erreicht hatten, wurden gleich die Fahrzeuge mit Stauden getarnt. Nach dem Zeltaufstellen wurde ich als Wache eingeteilt. Eine ruhige, klare Nacht begann. Nur im Osten sah man manchmal das kurze Aufleuchten des Mündungsfeuers. Ob es von unseren Einheiten oder von den Russen stammte, konnten wir nicht feststellen. Mein Kamerad bei der Wache war in dieser Nacht der Elsinger Pepi. Nach der HDV[88] durften die Wachposten nicht miteinander sprechen. Wir zwei aber unterhielten uns dennoch leise, wenn wir mit aufgepflanztem Gewehr[89] und Stahlhelm neben den Zelten und Fahrzeugen im Gleichschritt dahinspazierten. Gerne sahen wir nach Westen und auf den friedlichen Sternenhimmel, der genauso aussah wie in unserer Heimat. Unser Gesprächsstoff kreiste um Erlebnisse mit Freunden und Mädchen in der Heimat. Nach zwei Stunden weckten wir unsere

Abb. 14: Soldaten „organisieren“ Kartoffeln (Slg. Harreiter).

Abb. 15: Partisanen wurden zur Abschreckung für die Bevölkerung gehängt (Slg. Harreiter).

Ablöse, um halb fünf auch den Gefreiter der Feldküche. Am nächsten Tag machte unsere Brigade nochmals einen Stellungswechsel, aber nicht mehr so weit. Sofort nach dem Fahrzeugtarnen mußten die Panzer und Fahrzeuge vollgetankt und die Munition ergänzt werden. Es war uns allen klar, daß die Panzer noch in der Nacht zur Unterstützung der Infanterie vorfahren würden. So war es dann auch!

Kaum war es hell geworden, krachte es bereits an allen Ecken und Enden. Der Gegenangriff der Russen blieb aber in unserem Abwehrfeuer stecken. Hinter unserem Troß ging schweres Artilleriefeuer nieder. Die meisten Geschoße schlugen gottseidank im freien Feld ein. Am nächsten Tag dürfte ich etwas Giftiges erwischt haben, vielleicht schlechtes Wasser, weil ich Fieber und Durchfall bekam. Wenn ich eine Kleinigkeit aß, mußte ich bald darauf brechen. Zwei Tage lag ich wie eine Oktoberfliege herum. Als mich die Füße kaum mehr trugen, wurde ich mit den Verwundeten zurückgefahren. Ich weiß nicht mehr, wie das Städtchen hieß, wo man mich auf einer Tragbahre in ein großes Haus hineintrug. Hier war ein Lazarett für kranke Landser[90]. Ich kam in einen Saal mit dreißig Betten. Als erstes bekam ich einen Kamillentee zu trinken, dann tagelang nur so einen Schleim mit Haferflocken. Als ich dann nicht mehr erbrechen mußte, ging es wieder aufwärts mit mir. Zwei Wochen verbrachte ich hier. In den letzten Tagen wurde ich schon zu leichteren Arbeiten herangezogen: Essen verteilen, Geschirr zurücktragen, Betten machen! Schließlich ordnete der Stabsarzt bei der Visite an, ich solle mir von der Schreibstube einen Marschbefehl für meine Einheit holen.

Als ich mit meinem Kochgeschirr und dem Wäschebeutel bei der Haustür hinausging, dachte ich: „Wo wird meine Einheit sein?“ Wege und Straßen gab es genug, und auf jeder Kreuzung waren viele Schilder angebracht, die in alle Himmelsrichtungen zeigten. Da waren Tafeln für alle Waffengattungen, aber meine Sturmgeschützbrigade 244 konnte ich nirgends finden. Das war Ende September 1941. Es begann unablässig zu regnen, und die Staubstraßen verwandelten sich in tiefen Morast. Die befestigte Asphaltstraße, „Rollbahn“ genannt, war vom Nachschub ganz verstopft. Das Essen holte ich mir auch von den Nachschubkompanien, indem ich ihnen erklärte, daß ich meine Einheit suche.

Während ich neben so einer Schlammstraße ging und zusah, wie sich die Fahrzeuge Meter für Meter durch den Dreck vorwärtsbewegten, rief mir jemand zu: „Kamerad, wo willst du hin?" „Zur Sturmbrigade 244", gab ich ihm zur Antwort. „Kannst mit uns fahren, wir müssen zu 177", lud er mich ein, denn sie hatten an meiner Uniform erkannt, daß ich von den Sturmgeschützen kam. Ich stieg hinten auf den Lkw hinauf und bei der nächsten Kreuzung blieben wir stehen. Doch unsere Suche nach einem Schild von einer Brigade 244 oder 177 war vergeblich. Hier zweigte ein ganz gewöhnlicher Feldweg ab, der noch unbefahren und daher auch nicht morastig war. „Den nehmen wir", sagte der eine, „er führt auch nach Osten!" Ich saß dann wieder hinten oben auf einem Dieselölfaß und wurde recht hin- und hergebeutelt. „Schlecht gefahren ist besser als gut gegangen!", dachte ich bei mir.

Wir waren schon ganz schön weit durch Wald und Steppenfelder gefahren, als wir in der Ferne ein Dorf erblickten. Sofort blieben wir stehen und hielten Ausschau. Deutsche Landser oder Militärfahrzeuge konnten wir keine sehen. „Dort bleiben wir über Nacht", sagte einer, „ich werde mit den Russen reden, weil ich als Oberschlesier polnisch kann."[91] Als wir die Dorfstraße entlangfuhren, kamen die Bewohner aus ihren strohgedeckten Häusern heraus. Manche von ihnen verschwanden gleich wieder. Ich winkte den Leuten zu, sie reagierten aber nicht darauf. Vor einem größeren Haus blieben wir dann stehen. Unser Mann aus Schlesien teilte drei einheimischen Männern mit, wir seien deutsche Soldaten, sie bräuchten keine Angst zu haben, wir würden in dem Haus gerne eine Nacht bleiben. Das besiegelten wir mit Handschlag. Als das die anderen sahen, gingen sie uns auch zu, und im Nu waren wir von einer Menge neugieriger Männer, Frauen und Kinder umringt. Wie wir erfuhren, hatten sie noch keine deutschen Soldaten gesehen, der Krieg war an dem entlegenen Dorf vorbeigegangen.

Als wir dann in das Haus hineingingen, zeigten sie uns, wo wir schlafen könnten. Da stand in einem großen Raum ein gemauerter Ofen, auf dem sich ein etwa zweieinhalb m^2 großes mit Stroh ausgelegtes Plateau befand. Darüber lag eine Decke. Ich hatte inzwischen auf dem Tisch ein kleines Fläschchen entdeckt. Auf der Öffnung lag ein Kartoffelplättchen mit einem Loch in der Mitte, in dem ein Wollfaden steckte. Ich sagte zum Oberschlesier, er solle fragen, ob das „das ganze Licht" sei. Auf diese Weise erfuhren wir, daß es im Dorf kein Petroleum gab. Sogleich holte einer von uns einen Kanister voll Dieselöl und füllte allen die Fläschchen. Daraufhin waren die Männer so froh, daß sie uns am liebsten um den Hals gefallen wären.

Da wir auf der Dorfstraße Hühner und Gänse gesehen hatten, versprachen wir ihnen mehr Petroleum, wenn sie uns eine gerupfte Gans und Kartoffeln brächten. Es dauerte gar nicht lange, da kamen die Dorfbewohner mit ein paar Gänsen, Kartoffeln und Sonnenblumenöl. Im Ofen wurde Feuer gemacht, und wir begannen mit dem Braten der Gänse. Zwei Mädchen schälten die Kartoffeln. Als das Essen fertig war, wurde ausgeteilt und geschmaust, bis alles aufgezehrt war.

Als wir dann am nächsten Morgen auf dem Ofen aufwachten, freute uns das Weiterfahren gar nicht. So beschlossen wir, noch zwei Nächte zu bleiben. „Es ist ja egal, ob wir irgendwo im Dreck stecken oder noch hier bleiben!", sagten wir uns. Der Oberschlesier teilte das den Russen mit und sagte auch, daß sie uns bei den nachkommenden deutschen Soldaten nicht verraten dürften, sonst kämen wir zurück und „machten sie tot – bumm, bumm, kaputt!" Als Entschädigung gaben wir ihnen über hundert Liter Petroleum. An den beiden Tagen machten wir es uns noch recht gemütlich in diesem Dorf. Beim Abschied gab uns der Gastgeber einen Bruderkuß. Die ganze Bevölkerung war recht „zutraulich" geworden; als wir fuhren, winkten sie uns, solange sie uns sehen konnten.

Ganz schön lange fuhren wir, bis wir auf deutsches Militär stießen. Die nicht asphaltierten Straßen wurden immer schlechter und schlammiger.[92] Auch neben den Straßen war ein fürchterlicher Morast. Panzer und Zugmaschinen mit Ketten schleppten die anderen Fahrzeuge. Dadurch wurde der Dreck erst so richtig aufge-

Abb. 16: In einem „russischen“ Haus (Slg. Harreiter).

Abb. 17: Während der Schlammperiode im Oktober 1941 versanken die Fahrzeuge tief im Morast (Slg. Harreiter).

wühlt. Durch Zufall trafen wir bei unserem langsamen Vorwärtskommen ein Kettenfahrzeug der 3. Batterie der Brigade 244. Dieses Fahrzeug nahm unseren Lkw in Schlepptau, bis die Straßen besser wurden. Dann verabschiedete ich mich von den zwei Kameraden, die ich nie mehr sah, und fuhr mit dem Kettenfahrzeug zu meiner Einheit.

Auf der Fahrt fragte mich der Wachtmeister des Kettenfahrzeuges, woher ich komme und wie ich „die von 177“ getroffen hätte. „Ich komme vom Krankenlazarett, diese zwei habe ich unterwegs getroffen und bin dann mit ihnen mitgefahren.“ Ich erzählte ihm auch, daß wir uns „verfahren“ hatten und in einem ganz verlassenen Dorf drei Tage im Dreck gesteckt seien. „Was, in dieser Einsamkeit haben euch die Partisanen nicht abgemurkst? Da habt ihr aber Schwein gehabt! Euch war wohl nicht bewußt, in welcher Gefahr ihr seid!“ Jetzt mußte ich ihm recht geben, die hätten uns wirklich leicht töten können.

Als wir zur Brigade kamen und ich mich beim Spieß der 1. Batterie meldete, fragte dieser: „Sind Sie wieder gesund?“ Dann besah er meinen Marschbefehl und meinte: „Sie haben uns aber lange nicht gefunden.“ Ich konnte nur antworten: „Jawohl, Herr Hauptwachtmeister!“ Dann erzählte ich ihm das gleiche wie dem Wachtmeister. „Habt ihr euch da nicht vor den Partisanen gefürchtet?“, fragte der Spieß weiter. „Schon, Herr Hauptwachtmeister, trotzdem mußten wir schauen, daß wir wieder aus dem Dreck herausgekommen sind.“ erwiderte ich. „Sie sehen ja“, fuhr der Spieß fort, „durch diesen Dreck wartet auch genug Arbeit auf Sie!“

Der „totale Krieg“

Da es schon später Nachmittag war, ging ich zur Küche und holte mir etwas zu essen. Die Sturmgeschützpanzer waren gerade zurückgekehrt, und bei ihnen war Einiges kaputt. Wie alle anderen Fahrzeuge strotzten sie vor Dreck. Am nächsten Tag stachen wir mit dem Spaten die „Dreckpatzen“ zwischen Kotflügel und Rädern heraus. Schließlich mußten wir die Laufketten abmontieren, um die Stütz- und Laufrollen reinigen zu können. Diese Arbeit war mir gleich zuwider! Außerdem wurden wir dabei gehetzt, weil in Kürze ein Stellungswechsel geplant war. Überdies war das Schlafen in den Zelten bereits „saukalt“.

Ein paar Tage später marschierten wir in Richtung Bjelgorod nördlich von Charkow/Charkiv ab. Wir kamen aber nicht weit, weil die ganze Brigade buchstäblich im Morast steckenblieb. Es war kein Weiterkommen mehr. Die Räderfahrzeuge hängten wir an die Panzer, die aber an die Front zur Infanterieunterstützung hätten fahren sollen. Wir mußten „anschieben“ und sahen dabei aus, als ob wir uns im Morast gewälzt hätten. Schließlich blieben wir in einem Dorf, weil die Panzer endgültig nach vorne mußten. Eine kalte Nacht kündigte sich an, und wir schliefen dann in den Häusern auf den Lehmfußböden. Tatsächlich hatte es dann in dieser Nacht zum ersten Mal so richtig gefroren. Unsere Fahrzeuge konnten wir am Morgen nicht starten, auch von den Sturmgeschützpanzern kam die Nachricht, daß sie nicht in den Einsatz fahren konnten. Hätten da unsere Gegner angegriffen, hätten wir auf breiter Front alles liegen und stehen lassen und zu Fuß flüchten müssen. Wir vermuteten auch, daß das die Armeeführung fürchtete, weil alles unternommen wurde, wieder einsatzbereit zu werden. Das hätten wir im Juni nicht gedacht, daß es uns im Oktober so dreckig geht. Von einem raschen Endsieg war nun keine Rede mehr. Damit wir wieder fahrbereit wurden, mußten wir den angefrorenen Schmutz mit dem Meisel von den Fahrzeugen abstemmen.

Damals begann für uns Landser der „totale Krieg“! Befehle, Befehle, sturer Gehorsam, ein „Das geht nicht!“ gab es nicht, alles mußte ohne Widerrede hingenommen werden. Der Frost kroch durch die leichte Sommerbekleidung, der Hunger kam dazu, weil auch der Nachschub stockte. Schlagartig hatten sich die Läuse in unserer Unterwäsche eingenistet und quälten uns Tag und Nacht. Das gab mir erneut zu denken: Weshalb und für wen sind diese Strapazen gut? Die Zukunft sah trostlos aus, vor uns lag der russische Winter und ein weiter Weg durch den Ural bis Wladiwostok. Dabei fielen mir auch wieder die Worte des Unteroffiziers in Schitomir ein: „Die ganze Welt wird einmal gegen uns kämpfen!“

Langsam machte sich innerhalb der Mannschaft ein mit Heimweh und Sehnsucht vermischter Galgenhumor breit. Nicht selten sah man dort und da eine Schar beisammenstehen und Heimatlieder singen, deren Texte bisweilen unserer Situation entsprechend abgeändert wurden: „Und die Landser beten überall zugleich, Herr im hohen Himmel, bring uns heim ins Reich!“, oder „... bring uns heim, uns reichts!“ Das Soldatenlied „Lili Marleen“[93] fand um diese Zeit starke Verbreitung. Es weckte in den Landserherzen Wünsche, die unerfüllt bleiben mußten. Eine ähnliche Wirkung hatte das Lied „Wir lagen vor Madagaskar“, wenn es da heißt: „Weil ein jeder nach seiner Heimat sich sehnt, die er gerne einmal wiedersehen will. Und sein kleines Maderl, das wünscht er sich sehr, das zu Haus so heiß ihn geküßt. Und dann schaut er hinaus auf das weite Meer, wo fern seine Heimat ist!“[94]

Bald darauf griff die 6. Armee wieder an und erreichte auch Geländegewinne. Unsere Sturmgeschütze waren täglich im Einsatz, der Troß zog täglich nach. Die Regenzeit war zu Ende, auf dem gefrorenen Boden konnten wir nun wieder besser vorwärtskommen.[95] Endlich kamen wir dann in Bjelgorod an und quartierten uns in einer Siedlung am Stadtrand ein. In einer großen Halle richteten wir unsere Werkstätte zum Instandsetzen der Fahrzeuge ein. Es wurde auch gesprochen, das sei das Winterquartier. Obwohl dieses Gerücht vom Chef nicht bestätigt wurde, fühlten wir uns gleich wohler. Nun klappte der Nachschub wieder, und das Leben wurde geordneter. Die Front war nicht weit entfernt, weil uns die russischen Flieger häufig mit Angriffen überraschten. Einmal rief ein Kamerad vom Instandsetzungstrupp: „Die Flieger kommen schon wieder!“ Wir liefen sofort aus der Halle und suchten im Gelände Deckung. Da krachte es auch schon in unmittelbarer Nähe. Die Bombe tötete die beiden Offiziere Leutnant Dworschak und Leutnant Nolde vor ihrem Quartier, einem kleinen Haus. Auch unsere Halle war getroffen worden, und wir hatten Schäden an den Fahrzeugen. Ein Brand war gottseidank nicht ausgebrochen.

Kaum waren wir in Bjelgorod ein bißchen angewöhnt, kam der Befehl, einen Stellungswechsel in das südlich gelegene Charkow/Charkiv vorzunehmen. Als es hell wurde, setzte sich eine Batterie nach der anderen in Bewegung. Wir waren für die etwa 130 km den ganzen Tag unterwegs und froren dabei erbärmlich. Auf den Lkws zog es zwischen Bordwand und Planen, sodaß uns der feine Schnee eiskalt ins Gesicht geblasen wurde. Außerdem bekamen wir den ganzen Tag nichts Warmes zu essen. Nach fast zehnstündigem Sitzen kletterten wir prügelsteif von den Fahrzeugen. Zähneklappernd standen wir dann da, jeden schüttelte es vor Kälte.

Das war der 7. Dezember 1941 in einem Vorort von Charkow/Charkiv. In den Hallen eines ehemaligen Fabriksgebäudes parkten wir unsere Fahrzeuge, dann mußten wir gleich antreten. Wegen der beißenden Kälte konnte auch da noch keiner ruhig stehen. Unsere Batterie bezog in vier Gassen Quartier, nachdem ein Vorkommando bereits Straßenschilder angebracht hatte. Die Gassen hatte man nach gefallenen Offizieren und Unteroffizieren unserer Einheit benannt. Ich wurde vom Spieß mit dem Batteriesattler Willi Jung in das vorletzte Häuschen der Unteroffizier-Franz-Straße geschickt. Die Offiziere und Unteroffiziere bezogen in der Leutnant-Dworschak-Straße Quartier. Vorher waren sechs Mann und ein Wachhabender zur Wache eingeteilt worden.

Am nächsten Tag war um acht Uhr im Innenhof der Fabrik Antreten. Dabei teilte uns der Oberleutnant mit, daß die Japaner den amerikanischen Flottenstützpunkt Pearl Harbor auf Hawaii erfolgreich angegriffen hätten.[96] Weiters sagte er uns, daß hier unser Winterquartier sei und uns der heutige Tag zum

Einrichten der Unterkunft zur Verfügung stehe. Das war dann ein Raubzug durch die Vorstädte von Charkow/Charkiv; alles suchte nach Bettgestellen, Einsätzen oder Stroh, nach Holz und Kohlen. Großteils waren wir dabei mit russischen Beutefahrzeugen unterwegs. Als wir zwei am Abend des Vortages in das Häuschen eingezogen waren, sahen uns die Bewohner mit verachtenden Blicken an. Das war war mir nicht recht, und ich sagte zu meinem Kameraden beim Brennmaterial-Organisieren: „Es is vü gescheida, waun ma mit de russischn Quartiergeber guat auskemman. Schauma, daß fia uns olle oiwei gnua zan Hoazn do is. Daun sand de froh, waun mia ba eahna wohnand."

Nach dem Abladen vor der Haustüre ging ich zu unserem „Hausherrn" und gab ihm zu verstehen, daß das Heizmaterial ihm gehöre, er aber dafür sorgen müsse, daß es in unserem Raum immer warm sei. Es dauerte wohl eine Zeit, bis er mich verstand. Dann bedankte er sich freudig mit den Worten: „Spasiba, spasiba – Danke, danke!" Ebenso bedankte sich seine Frau, als wir das Haus betraten. Nun fühlte ich mich gleich viel wohler. Willi hingegen war nicht so erfreut, daß ich mit den Russen so handelseins war. „Schau Willi", erklärte ich ihm, „in dem Häusl mit drei kloane Räume miassn mia vielleicht monatelaung wohna, und i mecht mi do wohl füh(l)n!" Die Familie bestand aus einem Ehepaar um die fünfzig, einer 30jährigen Tochter und einem kleinen Mädchen mit vier Jahren. Der junge Mann war im Krieg, sie wußten jedoch nicht wo.

Tatsächlich blieben wir dann 25 Wochen bei diesen Leuten, also bis Anfang Juni 1942. In dieser Zeit war die Hälfte der Sturmgeschützpanzer im Einsatz, während sich die andere Hälfte im Quartier in Charkow/Charkiv befand. Alle drei bis vier Wochen fand die Ablöse statt. Die Aufgabe der Panzer bestand in der Unterstützung der Infanterie bei der Abwehr des Feindes, also ein Stellungskrieg. Wir anderen waren mit der Versorgung und Instandsetzung beschäftigt, jede zweite oder dritte Nacht wurden wir zum Wachestehen eingeteilt. Wenn es nachts über 30 Grad hatte, stand man nur eine Stunde draußen. Dann konnte man zwei Stunden im Wachraum verbringen, wobei wir zu schlafen versuchten, nun wieder eine Stunde

Wache usw. bis zum Morgen. Am nächsten Tag ging der normale Dienst weiter, bisweilen gab es auch Appell. Nach dem Antreten mußten wir marschieren, singen und exerzieren. Am Nachmittag fuhren wir mit Essen, Benzin und Munition zu den Sturmgeschützpanzern vor.

Wenn wir darauf nach Charkow/Charkiv zurückkehrten, waren wir mit unserem Dasein wieder ganz zufrieden. Zufrieden, denn die armen Teufel von der Infanterie mußten zwei bis drei Wochen Tag und Nacht in den Schützengräben verbringen, das oft bei minus 30 Grad und mehr. Wir hingegen hatten unser warmes Bett, wenn wir nicht gerade Wachestehen mußten. Auch warmes Essen stand uns zur Verfügung, es sei denn Partisanen hatten durch Sprengen der Schienen den Nachschub ins Stocken gebracht. Zum Vorfahren zur Front standen uns gepanzerte Raupenfahrzeuge zur Verfügung, die eine Lenkachse mit Gummirädern hatten. „Rollende Totentruhen“ nannten wir sie. Mit diesen Fahrzeugen zogen wir oft die Sanitätswagen mit Verwundeten aus den Schneewächten heraus. Die Sanitäter transportierten nicht nur Verwundete, sondern auch viele Landser mit erfrorenen Händen und Füßen. Wenn wir solche Kameraden sahen, halfen wir gern, auch während des Feindbeschusses.

Zu Weihnachten 1941 gab es sogar eine kleine Feier, wobei ein jeder zusätzlich eine Flasche Wein und eine Tafel Schokolade bekam. Meine Mutter hatte mir ein Packerl mit allerhand Leckerbissen geschickt. Die bei mir unbeliebten Quargel unserer Verpflegung schenkte ich einige Male meinem Hausherrn, dem schmeckten sie ausgezeichnet. Seine Frau hatte mir dafür immer einen Teller Suppe gegeben. Die tat mir gut! Die Hausfrau hatte dazu in Sonnenblumenöl Zwiebeln geröstet, Erdäpfel geschält, würfelig geschnitten und gekocht; darüber leerte sie die gerösteten Zwiebeln. Ich hatte das Gefühl, daß die Quargel für die Suppen zuwenig waren und schenkte dem kleinen Mädchen meine Tafel Schokolade. Auf diese Weise entstand ein gutes Verhältnis zwischen mir und unseren Quartiergebern. Mein Kamerad Willi bekam nichts von ihnen, weil er sich immer als starker Sieger aufspielte. Ich hingegen war seit Schitomir ein anderer Mensch geworden. Mein Gewissen ließ mich den

Kontakt zu diesen Menschen suchen. Innerlich bat ich sie um Verzeihung, daß wir hier bei ihnen eingedrungen waren.

Als ich eines Abends vom Arbeiten in der Fabrikshalle zurückkam, stand ein junges Mädchen im Vorraum des Häuschens. Sie grüßte mit „Sdrastwujtje – Seien Sie gegrüßt!“ und redete dann in gebrochenem Deutsch weiter: „Wo ist Kamerad?“ „Mein Kamerad hat Wache, er kommt erst morgen früh“, war meine Antwort. „Wie lange Sie bleiben hier? Vielleicht noch lange – oder kämpfen bis Sibirien? Sie awstrijskij-österreichisch – und Kamerad njemezkij-deutsch?“ „Ja, das stimmt auch“, meinte ich. „Ich heißen Raja, 22 Jahre und Lehrerin. Das meiner Tante und das meiner Onkel. Tante und Onkel Sie mögen, wie sagt man, Sie lieben. Aber deutsches Kamerad nicht so!“ Ich sagte dann, daß es mich freue, wenn sie mich mögen und sich ihr Onkel wegen des Brennholzes keine Sorgen machen solle. Dieses Fräulein stand so selbstsicher vor mir, daß ich Respekt hatte. Mit einem kurzen „Danke“ wandte sie sich von mir ab, wie wenn sie einst die Herrin über uns sein werde.

Ich ging nachdenklich in meine Quartierstube, zog meine Stiefel aus und legte mich mit dem Rücken auf mein Bett. Was hat dieses hübsche, junge, intelligente Frauengeschöpf mit dieser Fragerei erreichen wollen? Das war eine Frau, die das Verhalten ihr gegenüber vorzugeben wußte. Ich war entschlossen, ein Kavalier zu bleiben. „Hoffentlich kommt sie bald wieder, vor allem dann, wenn Willi nicht da ist! Das vom Judenerschießen und den gehängten jungen Russen darf ich ihr nicht sagen!“ waren meine Gedanken.

Unsere Tätigkeit bei der Brigade 244 nahm Woche für Woche den oben geschilderten Verlauf. Erst Ende Februar ließ die Kälte etwas nach. Von Zeit zu Zeit kamen Verletzte und Tote zum Troß zurück. Eines Tages wurde auch Oberwachtmeister Sawe gebracht. Er war bei jenem Panzer Geschützführer gewesen, dem ich als Panzerwart zugeteilt war. Wir bahrten ihn in der Halle auf. Da lag ein junger, sportlicher Mensch vor uns, mitten auf der Stirn war ein ganz kleiner

Einschuß zu sehen. Sein Tod bewegte mich, vor allem taten mir seine Frau und seine Kinder leid; er hatte uns von ihnen öfter Bilder gezeigt.

Endlich ging dieser selten kalte Winter – die Russen sprachen vom „Jahrhundertwinter“ – zu Ende. Wir warteten bereits jeden Tag auf den Befehl zur Frühjahrsoffensive. Raja war inzwischen öfter zu ihren Verwandten gekommen. Mir gegenüber war sie sehr reserviert, was mich kränkte. Als wir einmal eine Flasche Wein bekamen, nahm ich mir vor, sie mit ihr allein zu trinken. Und tatsächlich, eines Tages, als Willi Wache hatte, fragte mich Raja: „Wenn einmal deutsches Soldat zurück muß, möchten Sie hierbleiben?“ „Aber Raja, glauben Sie wirklich, wir müssen einmal einen Rückzug antreten?“, fragte ich erstaunt. „Ja, ich glauben schon. Ich nur sagen Sie, weil ich Sie traue, sagt man so?“

Dann holte sie eine große Landkarte, ging in meine Quartierstube mit, breitete sie über das ganze Bett aus und begann zu erläutern: „Hier das kleine Deutschland, Deutschland ist stark, sehr stark. Dann Polen, in Polen sind viele Partisanen. Da müssen Soldaten und Kriegsmaterial durchfahren, da gehen viel kaputt. Deutschland werden noch kämpfen bis Moskau, vielleicht auch bis Ural, aber dann Schluß. Dann viel Entfernung, Deutschland schwächer werden, Rußland stärker. In Mittel- und Südural noch viele, viele Leute wohnen, auch dort viel Industriestädte. Von Ural bis zum Baikalsee wieder viel große Städte. Stalin kann von da den Krieg führen. Rußland haben genug Öl und Bodenschätze zum Kämpfen. Rußland gewinnen den Krieg!“ Ich hörte mir das an und sagte: „Raja, lassen wir das, wir verstehen das nicht. Ich habe eine Flasche Wein hier, trinken wir davon. Raja, trinken wir Bruderschaft!“ „Aber wir nicht Bruder, wir Feinde!“, antwortete sie mir vorwurfsvoll.

Trotzdem holte ich von ihrer Tante zwei Gläser und machte die Flasche auf. Ein bißchen nervös war ich dabei, sodaß ich beim Einschenken zitterte. Nach dem Anstoßen und dem Trinken, griff ich nach ihren beiden Händen und sah ihr tief in die Augen. Als ich versuchte, ihr näher zu kommen, rief sie: „‘Nein, aber nein, ich küssen nicht!’ so steht am Zettel, was Polenmädchen gehabt!“ „Aber Raja“, entgegnete ich, „was hat das Polenmädchen zum Schluß gesagt?“ „Ja, ich wissen: ‘Nimm hin du kleiner Kanonier den ersten Kuß von mir!’“, worauf wir uns leidenschaftlich küßten. Ihre heißen Lippen blieben lang und fest an den meinen haften. Dann saßen wir wortlos händehaltend eng beisammen.

Schließlich sagte sie: „Josef, wenn deutsche Soldaten zurück müssen, du bleiben dann hier bei uns in Charkow. Bis Deutschland du vielleicht tot werden, und das ich nicht wollen. Ich geben dir einen Brief für russische Soldaten und schreiben, daß du meine Tante und Onkel viel geholfen. Auch schreiben, du awstrijskij und guter Mann. Ich schreiben so, daß dir bestimmt nichts passieren!“ „Das ist nett von dir Raja, doch ich getraue mir so ein Schreiben nicht zu nehmen. Was ist, wenn es in falsche Hände kommt? Ich käme vors Kriegsgericht, weil ich mit dem Feind paktiert habe.“, nannte ich ihr meine Bedenken. „Ach, du nicht wollen! Ich wissen, wir zwei doch Feinde!“ Mit diesen Worten stand sie auf, wünschte „Dobroj notschi – Gute Nacht!“ und verließ meine Stube. Ich habe sie nie mehr gesehen.

Bald darauf, nämlich Anfang Juni 1942, setzte sich unsere Einheit in Richtung Osten in Marsch. Vorher wurde die gesamte Batterie mit Panzern, Küche und allen Fahrzeugen einen Tag lang einer SS-Einheit zur Partisanenbekämpfung zugeteilt, weil hinter der Front grausam verstümmelte Landser gefunden worden waren. Der Einsatz begann um fünf Uhr morgens und endete spät am Abend. Wir mußten mit unseren schweren Waffen die lediglich mit Maschinenpistolen und Handgranaten bewaffneten SS-Männer begleiten. Sie brannten alle Orte, in denen sie Partisanen vermuteten, nieder, insgesamt waren es zwölf Dörfer. Jene Personen, die ihnen verdächtig vorkamen, wurden auf der Stelle erschossen. Wir fuhren mit unseren Fahrzeugen zwischen den brennenden, meist strohgedeckten Holzhäusern durch. Überall lagen Tote, auch Frauen. Mich machte das sehr nachdenklich. Wie schon öfter kam mir der Gedanke, überzulaufen, ich fand aber keine passende Gelegenheit.

Der weitere Vormarsch ging wie vor einem Jahr vor sich, nur waren wir jetzt um 1500 km weiter im Osten. Unzählige Stellungswechsel erfolgten, doch vor dem

Abb. 18: Das Niederbrennen von Dörfern gehörte zu den Racheakten der SS, wenn Partisanen deutsche Soldaten getötet hatten (Slg. Harreiter).

Fluß Don kamen wir zum Stehen. Unsere Geschützpanzer mußten feststellen, daß der Kampf mit dem Gegner immer härter wurde. Meter für Meter mußte erkämpft werden, und es blieb oft kein m^2 Boden, auf dem keine russische Granate einschlug. Auch unsere Offiziere und Unteroffiziere fielen einer nach dem anderen. Wir hatten damals noch nicht gewußt, daß die 6. Armee den Auftrag hatte, sich bis zur Wolga vorzukämpfen und Stalingrad mit einem Schlag fallen sollte.

Bei diesen Kämpfen westlich und östlich des Don mußte ich wieder mit einem Lkw Munition zu den Geschützpanzern vorfahren. Dabei ging unser Weg über eine wackelige Pontonbrücke, die nur einspurig zu befahren war. Da gab es immer Stau. Als ich einmal mitten auf der Brücke war, sah ich plötzlich feindliche Tiefflieger auf uns zukommen. Sofort sprang ich hinaus und legte mich unter den Wagen. Mit Bomben und Bordwaffen wurden wir beschossen. Obwohl die Brücke schwankte, getroffen wurde sie nicht. Da kamen uns die eigenen Jagdflieger zu Hilfe und zersprengten das feindliche Geschwader. Erst nachher wurde mir bewußt, was da hätte passieren können, wenn wir getroffen worden wären!

Beim Zurückfahren zum östlichen Brückenkopf sah ich viele tote und verwundete Russen liegen, auch deutsche Landser waren dabei. Die Verwundeten waren wahrscheinlich schon weggeholt worden. Während ich meine Munition vorne abgeliefert hatte, war der Brückenkopf von der Flanke her von den Russen angegriffen worden. Das muß ein kurzes, aber schreckliches Gemetzel gewesen sein. Als ich vor der Brücke im Stau stand, sah ich am Wegrand einen jungen russischen Soldaten liegen, dem knapp unter dem Knie das rechte Bein abgeschossen worden war. Er hielt die Wunde mit beiden Händen und schaute weinend auf den danebenliegenden Fuß. Ich sprang hinaus, um den armen Teufel auf meinen leeren Lkw zu laden und an einem Hauptverbandsplatz abzugeben. Währenddessen hatte sich die Kolonne wieder in Bewegung gesetzt, vor mir waren keine Fahrzeuge mehr. Da sprang ein Offizier mit gezogener Pistole auf mich zu und schrie: „Lassen Sie diesen Bolschewiken liegen und fahren Sie weiter!“ Weil er so nervös war, bekam ich es mit

Abb. 19: Pontonbrücke über den Don (Slg. Harreiter).

der Angst zu tun und legte den Schwerverwundeten wieder weg, sprang in mein Führerhaus und fuhr zurück.

Bis Stalingrad trafen wir dann nur Steppe an. Da wir zum Tarnen keine Stauden mehr fanden, mußten wir Mulden graben und die Fahrzeuge so hineinstellen, daß der Motor vor Splittern geschützt war. Auch wir gruben uns ein und nächtigten in den Löchern. Inzwischen war ich auch längst zum Gefreiter befördert worden. Wir lagen dann in einem Tal vor Stalingrad, da gab es sogar ein paar Bäume. Die Luftwaffe bombardierte die Stadt, unsere Einheit war der 113. Infanteriedivision zugeteilt worden. Nach wochenlangem, verbissenem Kampf waren die Infanteriekompanien zum Teil schon so aufgerieben, daß manchmal ein Obergefreiter den Kompaniechef machen mußte. Wir Panzerwarte hatten die abgeschossenen Ketten zu stückeln und wieder neu aufzuziehen, Stütz- und Laufrollen auszuwechseln, Verstärkungen aufzuschweißen und alle beweglichen Teile zu schmieren. Obwohl die Panzer zur Reparatur ein Stück zurückgeschleppt wurden, krachte und brannte es um uns ständig bei dieser Arbeit. Am 2. November 1942 begann mit einem Kälteeinbruch unser zweiter russischer Winter. Der Kampf um Stalingrad wurde immer erbitterter und erbarmungsloser.[97]

Urlaub - „... und kommen Sie gesund wieder!“

Wir holten uns von den zerschossenen Häusern Bretter, legten sie über unsere Erdlöcher und schaufelten Erde darauf. Darunter machten wir ein Feuer, weil uns die Kälte schon sehr zusetzte. Am 10. November 1942 kletterte ich morgens aus meinem Erdloch und wollte zu meiner Arbeit gehen, als mich einer vom Instandsetzungstrupp ansprach: „Du, du soist di ban Spieß meldn!“ „Wos wü denn der va mia, i hob jo nix aungstöid!“, gab ich zur Antwort. Dann ging ich zum Schreibstubenwagen, klopfte an, trat ein und meldete mich: „Gefreiter Harreiter meldet sich zur Stelle!“ „Rühren Sie! Sie sind einer der wenigen, der von Beginn an bei unserer Einheit ist und noch nie auf Urlaub war!“ Als ich das hörte, wurde mir warm ums Herz. „Da haben Sie Ihren Urlaubsschein“, fuhr der Spieß fort, „Sie haben bis zum 20. Zeit, sich bis Charkow durchzuschlagen. Um cirka 15.00 Uhr geht dann von dort der Fronturlaubszug in Richtung Heimat!“ Und dann der erste wohlwollende Händedruck vom Spieß! Seine letzten Worte klingen mir heute, nach Jahrzehnten, noch in den Ohren: „Ich wünsche Ihnen einen schönen Urlaub und kommen Sie gesund wieder zurück!“

Ja ich war einer der wenigen, andere waren schon zweimal daheim gewesen. Wahrscheinlich hätte ich auch schon früher Urlaub bekommen, wenn ich recht draufgängerisch gewesen wäre. „Wer weiß, wofür es gut ist!“ dachte ich bei mir. So schnell hatte ich mein Binkerl noch nie gepackt gehabt, bis Kalatsch konnte ich dann auf einem Lkw unserer Batterie mitfahren. Dort faßte ich meine Marschverpflegung für drei Tage. Dieses Essenfassen wurde auf einem Beiblatt des Urlaubsscheines mit einem Stempel vermerkt. Dann schlug ich mich recht und schlecht 850 km bis Charkow/Charkiv durch. Die erste Zeit mußte ich immer betteln, um auf Fahrzeugen mitgenommen zu werden, das letzte Drittel fuhr ich als blinder Passagier in Güterwaggons.

Ich kam zeitgerecht in Charkow/Charkiv an, sodaß ich noch zwei Nächte bei meinen ehemaligen Quartiergebern schlafen konnte. In meiner Tasche hatte sich schon eine Menge Brot, Streichwurst, Käse, Quargel und Kunsthonig angesammelt, weil ich mir die Eintopfsuppe und das Brot bei den Nachschubkompanien erbettelt hatte. Ich schenkte die Verpflegung meiner Quartierfrau, die mich mit Zwiebelsuppe und selbstgeröstetem Kaffee versorgte. Obwohl ich nach Raja Sehnsucht hatte, wollte ich nicht nach ihr fragen.

„W dobryj tschas – Eine gute Zeit!“[98] wünschten mir die Leute, als ich dann zum Bahnhof ging. Dort faßte ich gleich für drei Tage Marschverpflegung. Dann stieg ich ein und suchte mir einen Platz. Es war ein langer Zug, und ein jeder Platz war mit „so einem lausigen Landser“ besetzt. Nun ging es ab in Richtung Heimat, in drei Tagen waren wir in Jaroslaw in Polen. Hier bekam jeder Fronturlauber ein Paket; entlaust wurden wir auch alle. Es dauerte einen halben Tag, bis der ganze Zug abgefertigt war. Anschließend stiegen alle Urlauber in fahrplanmäßige Züge ein, die sie in ihren Heimatort brachten.

Am 25. November 1942 ging ich bei der Tür meines Elternhauses hinein, bei jener Tür, bei der ich vor 660 Tagen mit meinem Kofferl hinausgegangen war. Meinen Eltern und Geschwistern wußte ich viel zu erzählen, und es wurde spät, bis wir dann endlich schlafen gingen. Vier Wochen durfte ich dann in einem warmen Bett liegen, in dem ich kein Schießen zu fürchten brauchte und mich auf kein Wachestehen vorzubereiten hatte, sondern ruhig und friedlich schlafen konnte. Am ersten Tag daheim ging ich nach St. Anton und holte mir die Lebensmittelmarken. Anschließend besuchte ich die Arbeitskameraden in der Fabrik in Neustift. Der Werkmeister Perzinger tolerierte es, daß ich mit ihnen während der Arbeitszeit ein bißchen plauderte. Dann besuchte ich die Lehrerfamilie in Neustift, bei der ich einmal gewohnt hatte. Natürlich war ich während meines Urlaubs auch bei allen Nachbarn auf dem Schlagerboden. Einmal ging ich nach Scheibbs zum Fotografen, um ein Erinnerungsfoto als Soldat machen zu lassen.

Abb. 20: Josef Harreiter als Fronturlauber im Dezember 1942 in Scheibbs (Foto Schwarz).

Bei diesem Lebensmittelmarkenholen erfuhr ich in der Gemeindekanzlei, daß die ganze 6. Armee von den Russen bei Stalingrad eingeschlossen worden sei.[99] Als ich dann heimkam, erzählte mir meine Mutter das gleiche und meinte dazu: „Hiatzt kaunst froh sei(n), daß d' nimma in Stalingrad bist!" Obwohl die meisten meiner Kameraden, mit denen ich zwei Jahre lang beisammen war, im Kessel waren, war ich zuversichtlich und sagte zu meinen Eltern: „De kämpfn se scho wieda frei!"

Wie alles im Leben ein Ende hat, ging auch mein erster Fronturlaub dem Ende zu. Am 21. Dezember 1942 fuhr ich um sieben Uhr morgens vom Bahnhof Laubenbachmühle wieder fort. Beim Zugfahren dachte ich mir, bis ich die 3000 km nach Stalingrad käme, hätten sich meine Kameraden sicher schon freigekämpft. In Wien und in Jaroslaw faßte ich wieder Marschverpflegung. Im Zug nach Charkow/Charkiv teilte uns die Feldgendarmerie mit, wir von der 6. Armee hätten uns bei der Frontleitstelle zu melden. Das taten wir dann in Charkow/Charkiv. Anschließend verbrachten wir zwei Tage in einem leeren Gebäude, bis wir wußten, was mit uns zu geschehen habe. Währenddessen vergingen auch „die zweiten Weihnachten" in Rußland, ohne daß man etwas davon bemerkte. Mein Schein war vom Marschverpflegungsfassen schon so überstempelt, daß darauf fast kein Platz mehr war. Ich wäre in diesen Tagen gerne zu meinen ehemaligen Quartierleuten gegangen und hätte vor allem Raja gerne getroffen, getraute mich jedoch nicht fort.

Am zweiten Tag steckten sie uns dann vor Einbruch der Dunkelheit in Eisenbahnwaggons. In jedem der Viehwaggons stand ein kleiner runder Ofen, in einem Eck war etwas Braunkohle. Vor der Abfahrt gingen wir noch Holz stehlen, um einheizen zu können. So gegen neun Uhr setzte sich dann der Zug in Bewegung. Wir wickelten uns in voller Uniform in Decken, legten uns auf den Boden und versuchten zu schlafen. Zum Nachheizen war immer jemand wach. Einmal mußte ich austreten gehen und stieg dabei in der Dunkelheit vorsichtig über die Landser. Dabei sah ich von der Waggontür aus Rauch und Funken aus den Ofenrohren der einzelnen Wagen wegziehen. Vorsichtig stieg ich dann wieder auf meinen Platz zurück. Gut geschlafen hat in dieser Nacht keiner, weil alle froren. Diese Fahrt dauerte zwei Tage und zwei Nächte.

Schließlich mußten wir in einer Ortschaft, deren Namen ich vergessen habe, auf weitere Befehle warten. Während dieses Wartens machten verschiedene Gerüchte die Runde, z. B. daß wir in den Kessel von Stalingrad eingeflogen würden oder als Infanteriekompanien zum Kesselsprengen eingesetzt würden. Mir war dabei nicht wohl zumute, wenn ich mir vorstellte, ich sollte mit einem Maschinengewehr oder einer Granatwerferplatte auf dem Buckel gegen den bereits überlegenen Feind kämpfen. Wenn ich an meine Kameraden im Kessel dachte, fielen mir die Wort des Spieß ein: „Kommen Sie gesund wieder!“ Gottseidank kam dann alles anders.

Während des Wartens waren wir in einem großen, turnsaalähnlichen Raum untergebracht. Darin befand sich auch ein gußeiserner Ofen, in dessen Nähe „man fast briet“. War man weiter weg, fror man. Das Schlafen war jedenfalls saukalt, weil einige Fensterscheiben kaputt waren. Die Front konnte nicht weit weg gewesen sein, weil wir immer schießen hörten. Die Soldaten in diesem Saal wurden mehr und mehr, und als wir von der Brigade 244 an die vierzig Mann beisammen hatten, verließen wir das Gebäude unter Führung eines Leutnants. Er teilte uns mit, wir würden uns bis Dnjepropetrowsk/Dnipropetrovs'k zurückziehen und von dort weg wahrscheinlich nach Deutschland fahren. Den Rückmarsch mußten wir zu Fuß antreten, täglich waren 20 bis 25 km geplant. Bei diesem Gehen hatten wir das Gefühl, daß uns der Russe schon ziemlich „auf den Fersen“ sein müßte. Als es finster wurde, erreichten wir ein Dorf. Wir gingen gleich in die ersten Häuser hinein, legten uns auf den Boden und schliefen.

Um vier Uhr morgens weckte uns Panzerkettengerassel. Ein Unteroffizier öffnete die Tür einen Spalt und sagte dann ganz aufgeregt: „Männer, schnell, wir müssen weg, das sind keine deutschen Panzer, das sind russische T34!“ Wir zitterten alle am ganzen Körper. Licht getrauten wir uns keines zu machen, auch die Bewohner mußten wir in Schach halten, damit sie uns nicht verrieten. Kaum war die

Panzerkolonne weg, liefen wir hinaus und querfeldein davon. Bei diesem Rennen stieg ich des öfteren auf meinen langen Übermantel, den ich über dem Wintermantel trug. Jedes Mal warf es mich dabei hin, aber zum Aufknöpfen war keine Zeit. Wir liefen in Richtung Westen, bis es hell wurde. Bis auf ein paar Mann fanden wieder alle zusammen. Unsere Marschverpflegung war fast aufgebraucht. Müde und hungrig erreichten wir dann ein Dorf, das noch nicht von den Russen besetzt war. Bleiben konnten wir nicht lange, weil der feindliche Vormarsch voll im Gange war. Inzwischen kam einer von uns mit einem Wäschebeutel Kartoffeln, und wir gingen in eine Keusche, um sie uns kochen zu lassen. Auch der Leutnant stand mit seinem Erdapfel da wie ein Eichhörnchn mit einer Nuß und sagte: „Sollten wir uns verlieren, Treffpunkt ist die Frontleitstelle in Dnjepropetrowsk!" Nach dem Kartoffelschmaus machten wir uns wieder auf den Weg und blieben tatsächlich bis Dnjepropetrowsk/Dnipropetrovs'k beisammen. Das war auch gut so, denn der Leutnant hatte einen Marschbefehl.

Auf dem Weg dahin fuhren wir mit der Eisenbahn oder auf Lkws, auch die Marschverpflegung war wieder normal zu bekommen. Als wir weit genug vom Schuß waren, kam es uns vor, der Leutnant wolle Zeit schinden. In einem großen Dorf bei Stalino blieben wir fast zwei Wochen. Die Bevölkerung war recht nett, es waren eine Menge Deutschsprechende unter der Bewohnern. In fast jedem Haus gab es ein Grammophon, wozu wir mit den Mädchen und jungen Frauen tanzten. Die Unteroffiziere hatten Wodka bei sich, woher sie den hatten, wußte ich nicht. Jedenfalls brauten wir uns alle davon einen Grog.[100] Unter uns herrschte richtige Kameradschaft – die Front war weit weg und der Drill vom Kasernenhof noch weiter; nur der Herr Leutnant sonderte sich etwas ab. Bei dieser Grogrunde lernten wir den einheimischen Frauen das Trinklied „Und wer im Jänner geboren ist ..."[101] Sie mußten natürlich deutsch mit uns singen! Als wir zum „Mai" kamen, konnten sie es schon ganz gut. Der Krieg war in dieser Stimmung vergessen. Am nächsten Tag – wir waren noch „etwas benebelt" –, kamen in unser Haus zwei fremde Landser, weil sie ein Quartier gebraucht hätten. Bevor sie wieder gingen, sagte der eine zu uns, der Führer habe gesprochen: „Der Kampf um Stalingrad ist zu Ende!"[102] Meine ersten Gedanken waren: „Was wird mit dem Elsinger Pepi sein, mit dem Bruckner und dem Puntigam, mit dem Spieß, dem Küchenunteroffizier und all den anderen?"

Am 4. Februar 1943 veranstalteten wir in dem Dorf noch eine kleine Geburtstagsfeier, denn eines der Mädchen aus der Nachbarschaft und ich waren an diesem Tag 22 Jahre alt. Bei dieser Feier legte ein Wiener Wachtmeister die Platte „Sag beim Abschied leise Servus"[103] auf. Dieses Lied hörte ich damals zum ersten Mal. Versonnen genoß ich den Ohrenschmaus. Seltsame Gedanken gingen mir durch den Kopf, Gedanken der Liebe, aber auch der Grausamkeiten, zu denen Menschen fähig sind. Nach dieser Feier verabschiedeten wir uns von den Frauen mit „Auf Wiedersehen!" „Wiedersehen, wenn Krieg vorbei ist", meinte eine von ihnen.

Wie eine Gruppe Handwerksburschen mit einem Wäschebeutel und einer Decke im Gepäck verließen wir den Ort. Wir wären ja noch gerne geblieben, doch der Leutnant meinte, der Feind würde bald eintreffen. Nach sechs bis sieben Stunden Fußmarsch erreichten wir einen Bahnhof, von dem wir mit einem Güterzug bis Dnjepropetrowsk/Dnipropetrovs'k mitfahren konnten. In der folgenden Nacht ging es nur schleppend vorwärts, schlafen konnten wir auch nicht, weil in den Waggons keine Heizmöglichkeit vorhanden war.

In Dnjepropetrowsk/Dnipropetrovs'k quartierten wir uns in einer leeren Schule ein. Da stießen wieder einige von der Brigade 244 zu uns, auch Neuankömmlinge aus der Heimat waren dabei. Nach zwei Tagen Aufenthalt fuhren wir mit einem Personenzug nach Neiße/Nysa in Oberschlesien. Wir riefen: „Prima, jetzt geht's zum Ersatzhaufen!" Vor der Ankunft wurde wieder entlaust. Dann erfolgte die „2. Neuaufstellung der Brigade 244" in voller Stärke. Unserer 1. Batterie gehörten 125 Mann an, Waffen und Ausrüstung hatten wir vorerst noch nicht. Darunter waren einige, die auch dem Kessel Stalingrad entkommen waren, wie Schirrmeister Lang, die Geschützführer Halbich und Wichmann, die Kradmelder

Alender und Heck, der Panzerwart Maier, der Sattler Jung und noch ein paar andere, deren Namen ich nicht mehr weiß. Etwa 100 Mann waren neu.

Die Eisbergkaserne in Neiße/Nysa war zum Bersten voll, alles Reste aufgeriebener Sturmgeschützbrigaden. Nach einigen Tagen schickte man unsere Brigade in eine ehemalige tschechische Kaserne in der Gegend von Znaim/Znojmo. Da ging es wieder wie in der Rekrutenzeit zu, Appelle, Exerzieren, Gewaltmärsche waren auf der Tagesordnung. Schließlich bekamen alle 125 Mann im April 1943 drei Wochen Heimaturlaub. Meine Eltern waren ganz überrascht, daß ich schon wieder da war. Sie wollten gleich wissen, woher ich käme und wohin ich wieder einrücken müsse. Es war schon schlampig von mir, daß ich ihnen nie geschrieben hatte. Andererseits war ich nirgends lange gewesen und hatte somit keine Feldpostnummer, so war ich eben nicht zum Schreiben gekommen. Natürlich besuchte ich während meines Aufenthalts wieder alle Nachbarn und die Arbeitskollegen in der Fabrik.

Nach den drei Wochen mußte ich nach Niedergörsdorf in der Nähe von Jüterbog einrücken. Hier wurde unsere Batterie privat untergebracht. Ein gewisser Cerny aus Wien, den ich seit Neiße/Nysa kannte, wohnte mit mir bei einem kleinen Landwirt und Müller namens Haseloff, Mühlenweg 2. Das Zimmerl war klein aber nett. Zur Familie gehörten vier Personen, die Eltern mit der 18jährigen Tochter Erika und dem 13jährigen Sohn Helmut. Der Dienst war fast genauso wie vor 23 Monaten in Dorf Zinna. Mit Maier und mir arbeiteten jetzt fünf neue Panzerwarte. Unser Essen war von der Feldküche zu holen, die mitten im Ort stand. Cerny und ich hätten in dieser Zeit gerne ein wenig mit Erika angebandelt. Sie war zwar freundlich, doch sehr reserviert. Tagsüber arbeitete sie in Jüterbog und abends mußte sie in der Landwirtschaft mithelfen.

Einmal gab uns der Spieß beim Anstellen auf dem Dorfplatz bekannt, daß unser erster Batteriechef am Nachmittag um 16.00 Uhr in die Gastwirtschaft auf Besuch käme und mit allen sprechen wolle, die in Stalingrad waren. Er hatte sich im Winter 1941/42 in Charkow/Charkiv aus dem Staub gemacht, an seiner Stelle hatten wir einen Berliner Rechtsanwalt als Chef bekommen. Wir staunten nicht schlecht, als unser erster Batteriekommandant jetzt als hoher SS-Offizier daherkam. Er dürfte Sturmbannführer gewesen sein, weil er „so Stritzel" als Schulterstücke trug. Wir wußten nicht, warum er das Kämpfen mit seinem Sturmgeschützpanzer aufgegeben hatte. War er zur SS gegangen, um im Hinterland kriegsverbrecherische Handlangerdienste zu machen? In der Gastwirtschaft sprach er mit jedem von uns, wie wir Stalingrad entkommen waren. Aus seiner Art des Fragens war jedenfalls Haß und Verbissenheit abzulesen. Er konnte es offensichtlich nicht glauben, daß „der Wehrmacht mit ihrem großen Führer" so etwas hatte passieren können. Von den Russen sprach er nur abschätzig: „Ja sagen Sie, wie sind Sie diesen Schweinen ausgekommen?" „Schweine", dachte ich bei mir, „weil sie ihr überfallenes Land verteidigt haben? Und sie waren es nicht, die den Vertrag vom 23. August 1939 gebrochen hatten!"[104]

Schnell vergingen die drei bis vier Wochen in Niedergörsdorf, schade, da hätten wir es noch länger ausgehalten! Nun wurden wir im Bahnhof Jüterbog wie damals bei der 1. Neuaufstellung im Juni 1941 auf dem gleichen Geleise verladen. Vorerst war allerdings nur unsere Batterie an der Reihe, was mit den anderen geschah, kann ich nicht sagen. Als wir mit dem Verladen fertig waren, richteten wir uns unsere Schlafplätze zurecht. Dann duschten wir uns dort, wo die Lokomotiven Wasser tankten, denn wir hatten alle bis fünf Uhr morgens Nachturlaub erhalten!

Das mit dem „Nachturlaub" muß sich im Ort herumgesprochen haben, weil Mädchen auf den Güterbahnhof nachkamen. Gekommen war auch Erika, und ich hatte eine Freude, als ich sie plötzlich hinter mir stehen sah. Gleich lud ich sie zum Ausgehen nach Jüterbog ein. Da kam auch schon mein Kamerad Cerny, der Bazi[105], daher. Er wollte auch mitkommen und ließ sich nicht mehr „abstreifen". Bevor es dann so richtig dunkel geworden war, etwa um zehn Uhr Sommerzeit, sagte Erika zu mir: „Jetzt muß ich wieder nachhause fahren. Schreiben Sie mir bitte, es tät' mich freuen! Ich wünsche Ihnen alles Gute, und daß sie nach dem Krieg wieder gesund heimkommen!" „Bestimmt, Erika, ich schreibe", antwortete ich. Dann schwang sie sich auf ihr Rad und fuhr weg. Bevor sie ganz verschwunden war, winkte sie noch einige Male.

Ich zog mich nach dieser Verabschiedung auf den Schlafplatz zurück, den ich mir auf einem Lkw bereitet hatte. Die Wachposten hatten inzwischen Aufstellung genommen und spazierten links und rechts vom Zug hin und her. Um sieben Uhr morgens setzte der Zug mit unserer 1. Batterie in Richtung Osten in Bewegung. Dieses Mal war die ganze Brigade der Heeresgruppe Mitte zugeteilt worden, und wir fuhren über Warschau/Warszawa nach Gomel in Weißrußland. Am dritten Tag luden wir vor Orel aus. Die Fahrt war – wie bei jedem Transport – ziemlich eintönig gewesen, ein Stück fahren, dann wieder das Stehen in den Bahnhöfen oder auf der Strecke! Wenn Partisanen die Schienen gesprengt hatten, sahen wir dort und da deutsche Lokomotiven und Waggons umgekippt neben dem Geleise liegen.

Die Infanteriedivision, der wir zugeteilt waren, hatte wohl schon hart auf uns gewartet, weil die Geschützpanzer gleich nach dem Abladen an die Front fuhren. Wochenlang waren wir südlich von Orel in die härtesten Abwehrkämpfe verwickelt, von einem Vormarsch konnte keine Rede mehr sein. Die Rote Armee drängte uns mehr und mehr zurück. Tote und Verwundete gab es jeden Tag. Auch wir vom Troß hatten viel unter Artilleriebeschuß zu leiden. Das erinnerte mich an Stalingrad, nur das Wetter war sommerlich, warm und schön!

Abb. 21: Russische Partisanen sprengten Güterzüge, um den Nachschub zu unterbinden (Slg. Harreiter).

Verwundet - „Garnisonsverwendungsfähig!“

Neben unserer Arbeit als Panzerwart und Wachposten mußten wir auch wieder Munition, Treibstoff und Essen zu den Sturmgeschützen nach vorne bringen. Am 25. Juli 1943[106], einem heißen und schönen Sommertag, war ich zum Essenvorfahren eingeteilt. Weil die Geschützbesatzungen Ausfälle gemeldet hatten, fuhr mit mir auch ein Ladekanonier mit. Nachdem wir eine Zeit gefahren waren, erkannten wir, daß vorne wieder der Teufel los sein müsse. Es krachte und brannte überall, und unsere Panzer waren nicht zu finden. Links und rechts liefen deutsche Landser fluchtartig zurück. Da sahen wir auch schon von weitem russische T34 mit Infanteriebegleitung auf uns zukommen. Ich wendete den Wagen und hörte noch, wie der Neue neben mir sagte: „Hoffentlich kommen wir aus dieser Hölle wieder heraus!“ Ein paar Sekunden später ein Knall ... !

Als ich wieder zu mir kam, lag ich in einem großen Bett, Kopf und Hals fest verbunden, sodaß nur die Nase und die Augen zu sehen waren. Das große Zelt über mir war ein Hauptverbandsplatz. Ich getraute mich nicht zu rühren, weil mein Kopf bei jeder kleinen Bewegung furchtbar weh tat. Ein Sanitäter erzählte mir, daß ich neben der rechten Schläfe einen Splitter stecken hätte. Ich könne von einem Glück sagen, daß mich die zurückflüchtende Infanterie aufgelesen und in einen Sanitätswagen gesteckt habe. An Nahrung durfte ich nur Flüssiges zu mir nehmen, weil ich nicht beißen konnte. Am nächsten Tag brachte man mich mit anderen Verwundeten auf einen Bahnhof, es muß Brjansk gewesen sein. Von dort kam ich mit einem Verwundetenzug nach Warschau/Warszawa in das Reservelazarett Dobro.

Gleich nach meiner Einlieferung wurde ich von zwei deutschen Schwestern ausgezogen und gebadet. Eine hielt meinen Kopf hoch, die andere schrubbte mich ab. Mir war dabei so schlecht, daß ich beinahe ohnmächtig geworden wäre. Ich war auch so verwirrt, daß ich mich an Details gar nicht mehr erinnern kann. Jedenfalls dürfte ich noch am gleichen Tag operiert worden sein, weil ich dann täglich ein Nachlassen der Schmerzen verspürte. Mein Aufenthalt in diesem Lazarett dauerte bis 23. Oktober 1943. In den letzten vier bis fünf Wochen durfte ich schon ausgehen, allerdings nicht alleine. Es fand sich aber immer jemand zum Mitgehen. Für die Schwestern konnte ich in diesen letzten Wochen auch kleinere Arbeiten erledigen.

Mein Marschbefehl, den ich am 23. Oktober ausgestellt bekam, lautete: „Sturmgeschützabteilung Neiße in Oberschlesien, Genesungsbatterie!" Die Zugfahrt bis dorthin dauerte den ganzen Tag. Die Genesungsbatterie war so überfüllt, daß man für mich fast keinen Platz fand. In der Stube, in die sie mich schließlich steckten, waren bestimmt an die dreißig Mann, die in dreistöckigen Betten schliefen. Ich führe es auf den Platzmangel zurück, daß ich bald darauf einen Genesungsurlaubsschein bekam. So war ich in ein paar Tagen wieder bei meinen Eltern und Geschwistern zuhause und konnte vier Wochen, fast den ganzen November, bleiben. Dieser Urlaub verlief ähnlich wie meine beiden früheren. Die wichtigste Arbeit war das Lebensmittelmarkenholen auf dem Gemeindeamt.

Als ich zur Genesungsbatterie zurückkehrte, wurde ich gleich zum Stabsarzt beordert. Bei der Untersuchung erzählte ich, daß ich oft starke Kopfschmerzen hätte. Der Arzt stellte mir einen Befund aus, auf dem „Garnisonsverwendungsfähig" stand. So wurde ich in die Eisbergkaserne zur Ausbildungsabteilung versetzt. Obwohl ich schon Obergefreiter war, mußte ich anfangs den ganzen Kasernenhofdrill mitmachen. Wir waren nämlich großteils Gefreiter und Obergefreiter. Neben dem Exerzieren auf dem Fußdienstplatz wurden wir auch als Wachen eingeteilt. Ich war dann den ganzen Winter mit sieben Mann für die Bewachung des Stausees Ottmachau westlich von Neiße/Nysa zuständig, wobei jeweils vier Mann ihre vier Kameraden nach 24 Stunden ablösten. Für die Fahrt von der Kaserne zum Stausee stand uns nur eine Beiwagenmaschine zur Verfügung, sodaß wir immer zu zweit im Beiwagen sitzen mußten. Die Ablöse fuhr mit dem Krad zum See, die Abgelösten wieder zurück zur Kaserne. Die Verpflegung mußte man sich für 24 Stunden mitnehmen.

Das Bewachen des Stausees war keine so schlechte Tätigkeit, obwohl wir alle zwei Stunden zu zweit rund um die Uhr auf Dammwache mußten. Kritisch hätte es werden können, wenn Fliegerbomben den Damm zerstört hätten. Da wären wir mitsamt der Unterkunft weggeschwemmt worden. Einige Male hörten wir feindliche Verbände, die dürften Oppeln/Opole, Beuthen/Bytom und Gleiwitz/Gliwice bombardiert haben. Diese Bewachung war auch insofern kein schlechter Dienst, weil in ganz Deutschland der „totale Krieg"[107] ausgerufen worden war. Das hieß, daß jeder Vorgesetzte unbegrenzt Befehle geben konnte, wenn sie nach seinem Ermessen dem „Endsieg" dienten. Wir acht Bewacher – drei Gefreiter und fünf Obergefreiter – schliefen alle in einer Stube, auf deren Tür „Wachdienst Ottmachau" und unsere Namen standen. Auf diese Weise waren wir von allem Mittun befreit, sogar der Stubendurchgang des UVD blieb uns erspart.

Weil ich Zeit hatte, schrieb ich öfter ein Brief an Erika Haseloff in Niedergörsdorf und freute mich, wenn er beantwortet wurde. Auch meinen Eltern ließ ich regelmäßig Nachricht zukommen. Zum Zahnarzt kam ich auch, was bereits höchst notwendig war, denn ein Stockzahn tat sehr weh. Freilich scheute ich das Zähneziehen, weil mir im russischen Dongebiet einmal ein Oberarzt zwei Zähne ohne Narkose gezogen hatte. Hier in Neiße/Nysa war ich angenehm überrascht, daß ich nach dem „Einspritzen" vom Reißen nichts spürte.

Eines Tages las ich auf dem schwarzen Brett, daß zehn Mann für einen vierzehntägigen Kurs gesucht würden. Dazu konnte sich nur jemand melden, der nicht „KV", also „kriegsverwendungsfähig", war. In diesem Kurs sollten die Leute auf die Kradmelderausbildung vorbereitet werden. Ich ließ mir das Ganze durch den Kopf gehen. Wer weiß, wie lange wir das Dammbewachen noch machen können? Wenn man die Frontberichte so verfolgte, die immer mit dem Satz „Das Oberkommando der Wehrmacht gibt bekannt" begannen, konnte man trotz aller Verschlüsselung herauslesen, daß der Feind im Vormarsch war. „Wenn ich mich dazu melde, sind es immerhin vierzehn Tage und die Rekrutenausbildung kann Monate dauern", dachte ich und meldete mich in dem Bewußtsein, daß der Krieg verloren sei und ich so verhindern könne, eines Tages als Kanonenfutter an die Front geschickt zu werden.

Am 4. April 1944 begann der Kurs, ein Leutnant und zwei Wachtmeister waren unsere Ausbildner. Die zehn Kursteilnehmer schliefen auch in einer Stube. Wer an meiner Stelle zur Dammwache eingeteilt wurde, interessierte mich nicht mehr. Am Vormittag hatten wir theoretischen Unterricht, am Nachmittag fuhren wir mit den Beiwagenmaschinen in die Natur, durch Wiesen und Wälder. Es war interessant, wenn wir im Gelände mit Karte und Kompaß Punkte oder Kameraden suchen mußten. Dabei kamen wir auch mit der Zivilbevölkerung in den Dörfern in Kontakt. Bei diesen Ausfahrten kamen wir manchmal bis in die Berge um Reichenstein/Zloty Stok. Am letzten Tag wurden wir geprüft. Ich kam dann als Ausbildner zu einer Ausbildungsbatterie und mußte als Stubenältester bei den Rekruten schlafen. Zum ersten Mal mußte ich den ganzen Drill nicht mitmachen. Im Gegenteil, jetzt hatte ich beim Appell Waffen und Kleidung zu kontrollieren. Freilich mußte ich auch den einen oder anderen zum Aufschreiben links hinausschicken. Waren das junge Bürschchen, Jahrgang 1927 und sogar 1928! Bald konnte ich auf dem Schwarzen Brett lesen: Kradmelder, geographische Ausbildung von 7.00 bis 9.00 Uhr im Schulzimmer, Vortragender Obergefreiter Harreiter. „Wenn ich Glück habe und bei dem Geschäft bleiben darf, ist es bereits Mitte Juli, bis die Rekruten mit ihrer Ausbildung fertig sind!“ so hoffte ich. Allerdings war mir das Ausfahren ins Gelände mit den zehn bis fünfzehn Rekruten nicht gegönnt, das machten die Herren Unteroffiziere selbst.

Je mehr man als Ausbildner mit den Rekruten herumkommandiert hat, desto besser war man bei seinen Vorgesetzten angeschrieben. Ich suchte da immer den Mittelweg. In dieser Zeit bekamen wir Ausbildner bis zum Unteroffizier von einem Leutnant immer den Wehrmachtsbericht diktiert, damit wir die Rekruten informieren konnten. Der Leutnant diktierte so schnell, daß das Mitschreiben unmöglich war. Die meisten hatten zum Schluß nur Stichwörter auf ihrem Zettel. Als er die Unteroffiziere vorlesen ließ, wurde er ganz wild, weil keiner in der Lage war, den ganzen Text wiederzugeben. Schließlich drohte er, wir müßten den nächsten Wehrmachtsbericht auswendig lernen. Da fiel mir ein, daß von meiner Stube einer im Krankenrevier lag, der bisher „nur zur Schule“ gegangen war. Ich ersuchte ihn, den Wehrmachtsbericht vom Radio abzuhören und mitzuschreiben. Als wir den Bericht vom Leutnant diktiert bekamen, tat ich so, als schrieb ich fleißig mit und meldete mich dann zum Vorlesen. „Gut, danke meine Herren!“ war der Leutnant zufrieden und verließ den Raum. Ich verriet nun den anderen das „Kunststück“ und machte mich dadurch in der Gruppe beliebt. Auf diese Weise fiel keiner mehr unangenehm auf.

So verging Woche um Woche. Ich wurde gelegentlich als UVD eingeteilt und mußte dabei um zehn Uhr abends durch die Rekrutenstuben gehen. Eines Tages erfuhren wir vom Wehrmachtsbericht, daß die Westmächte in der Normandie zwischen Cherbourg und Le Havre gelandet waren.[108] Auch Goebbels' Rede mußten wir uns anhören. Kurz darauf wurde in unserer Sturmgeschützabteilung in der Eisbergkaserne in Neiße/Nysa ein Unteroffizierslehrgang zusammengestellt, der zwölf Wochen dauern sollte: 4 Züge zu je 30 Mann. Die Lehrgangsteilnehmer mußten Gefreiter oder Obergefreiter sein, sechs Monate Fronterfahrung haben und sollten in fünf Holzbaracken untergebracht werden. Für mich war es nicht schwer, in diesen Lehrgang zu kommen. Am 10. Juni 1944 traten wir wie Rekruten auf dem Platz vor den Holzbaracken der Größe nach an. Die Größten bildeten den 1. Zug und kamen in die Baracke neben der Verwaltung. Ich mit meinen 1,72 m stand am Ende des 2. Zuges. Die Kleinsten kamen in den 4. Zug, diese Baracke wurde von uns „Der Hasenstall“ genannt.

„Zwölf Wochen“, dachte ich, „vielleicht geschieht inzwischen ein Wunder! Der unvermeidliche Rückzug unserer Truppen an allen Fronten und das Bombardieren der Städte kann doch nicht mehr lange dauern!“ Mir war vor allem wichtig, daß die Zeit verging. Jeder Zug hatte einen Wachtmeister oder Oberwachtmeister als Zugsführer. Chef war ein gewisser Leutnant Windmaier, ein richtiger „Platzek-Schleifer“.[109] Ich weiß nicht, was mit ihm los war. Er war etwa dreißig Jahre alt und hatte noch keine Tapferkeitsauszeichnungen, ein typischer Kasernenhof-Offizier. Der Spieß unserer Lehrgangsbatterie war ein einhändiger Stabswachtmeister mit vielen Auszeichnungen. Andere Ausbildner hatten wir nicht, das heißt, die mußten wir selber spielen. Abwechselnd traten wir in dieser Funktion in Aktion und ließen unsere Kameraden robben. Vor dem Ausbildner mußte jeder stramm stehen, und im Handumdrehen konnte es umgekehrt sein. Ein richtiges Affentheater! Auch den theoretischen Unterricht hatte von uns einer zu halten, der Wachtmeister oder Oberwachtmeister war nur zur Aufsicht anwesend. Die tägliche Dienstzeit dauerte zehn Stunden, bei Nachtmärschen natürlich länger.

Seit ich in Neiße/Nysa war, ging ich in meiner Freizeit viel aus, meistens in eines der drei Kinos. Während ich Unteroffiziersdienst gemacht hatte, hätte ich täglich bis Mitternacht ausbleiben können. Eines Tages macht Leutnant Windmaier selbst mit uns Frühsport. Das hatte er sich öfter vorbehalten. Da mußten wir etwa zwei Kilometer bis zum Sportplatz und wieder zurück laufen. Durch den Fuß- und den Geländedienst und den anstrengenden Frühsport konnte sich bei uns kein bißchen Speck ansetzen. Außerdem war die Verpflegung sehr flüssig und fettarm. Nachdem der Chef mit uns bis zur Schreibstubenbaracke zurückgelaufen war, ließ er uns abermals antreten. Nach dem Antreten gab ihm der Spieß ein Schreiben. Der Leutnant sah es durch und begann zu schreien: „Batterie, stillgestanden! Auf unseren Führer wurde ein Mordanschlag gemacht. Er hat den Anschlag gottseidank überlebt. Ein Mordanschlag von ein paar Verbrechern und Hochverrätern auf unseren Führer, der alles Gute für das deutsche Volk wollte! Der Führer hat alles in die Wege geleitet, damit Deutschland nach dem Endsieg frei von Pack und Gesindel sein wird. Heil Hitler! Weggetreten!“[110] Man konnte nicht erkennen, ob seine Worte ehrlich waren, ich hielt ihn jedenfalls für einen Fanatiker. Man getraute sich seine Gesinnung nicht offen zu zeigen, weil man Bespitzelung fürchten mußte.

So vergingen für uns im fünften Kriegsjahr die zwölf harten Wochen. Von den 120 Mann wurden acht bis zehn sofort zum Unteroffizier befördert, alle anderen bekamen auf ihre Schulterstücke kleine Silberlitzen, sogenannte „Hoffnungsbalken“.

Ich war somit Obergefreiter als Unteroffiziersanwärter. Nach ein paar Tagen wurde ich ohne ärztliche Untersuchung zur Marschbatterie versetzt. Mir wurde gesagt, ich bekäme eine Woche Urlaub und hätte mich danach in Hohenziarz in der Nähe von Magdeburg bei der 1. Batterie der Sturmgeschützbrigade 244 zu melden, die dort zum dritten Mal aufgestellt wurde.

„Komm wieder! - Hoffentlich spielt das Schicksal auch mit!"

Über die Woche Urlaub freute ich mich, aber ich wußte vorerst nicht, wohin ich fahren sollte. Einerseits hatte mich Erika mit ihren lieben, einladenden Briefen ganz heiß auf sie gemacht, andererseits hätten sich meine Eltern und Geschwister auch über mein Kommen gefreut. Ich entschied mich für Niedergörsdorf. Erikas Anziehungskraft war zu groß, außerdem gewann ich aufgrund der kürzeren Anreise zwei Urlaubstage.

Von der Haltestelle in Niedergörsdorf bis zum Mühlenweg war ein Kilometer zum Gehen. Auf dem Weg kamen mir dann nochmals Zweifel, ob meine Entscheidung richtig war. Jetzt konnte ich nicht mehr umkehren. Wenn alles so ist, wie sie immer schrieb, werden auch ihre Eltern mit meinem Besuch einverstanden sein. Je näher ich dem Haus kam, desto nervöser wurde ich. Als ich auf etwa zwanzig Meter herangekommen war, sah mich Erika vom Fenster aus. Sie lief mir entgegen, fiel mir um den Hals und küßte mich leidenschaftlich. Dann kamen auch ihre Eltern und ihr Bruder und begrüßten mich. Die Mutter nahm mir gleich den Wäschebeutel ab und ging damit als erste ins Haus. Ich war von diesem herzlichen Empfang angenehm überrascht, mir wurde dabei nicht nur ums Herz, sondern im ganzen Körper warm. So etwas war ich gar nicht gewohnt. Ich kannte nur sturen Gehorsam, Drill, Entbehrungen, Grausamkeiten und hatte in den letzten Jahren mehrmals den Tod vor Augen gehabt.

Bevor ich mich im Wohnzimmer niedersetzte, fragten mich alle, wie lange ich bliebe und wohin ich nach dem Urlaub müsse. Die Mutter servierte dann einen Kaffee mit Streuselkuchen. Dann ging Erika mit mir zur Gemeindestube, um die Lebensmittelmarken zu holen. Nach dem Mittagessen spazierten wir zwei in den angrenzenden Kiefernwald. Erika hatte dazu eine moderne, leichte Tasche mitgenommen. Ich wußte, daß da eine Decke drinnen war. „Na", dachte ich, „die gehts scharf an mit mir. Vor einem Jahr war sie noch so reserviert gewesen!" Erika war ein schlankes, aber kräftiges sportliches Mädel.

Als sie auf einer Lichtung zwischen den Kiefernbäumen die Decke auf das sonnenwarme Gras breitete, sagte sie zu mir: „Diese Decke habe ich deswegen mitgenommen, damit ich dir zeigen kann, was ich beim Turnverein alles gelernt habe; nicht deswegen, was du vielleicht dachtest!" Dann zeigte sie gleich einen Handstand, daß ihr helles Kleid über ihre Augen fiel und die Locken beinahe den Boden erreichten. Anschließend machte sie die Brücke und verschiedene Übungen. Sie ging auch auf den Händen. Das alles sollte ich auch nachmachen, doch mir gelang gar nichts. So fingen wir zwei auf der Decke zum Umtollen an. Sie war dabei ganz schön grob zu mir. Wenn sie erkannte, daß es mir zu dumm wurde und ich wehrlos auf dem Rücken liegenblieb, fing sie leidenschaftlich zu schmusen an. Dabei blieben ihre süßen Locken an meinem heißen Hals kleben. Zum Schluß sollte ich sie vergewaltigen. Ich wäre ein Mann, meinte sie, und ich sollte versuchen, ob ich das imstande wäre. „Gut Erika, jetzt wirst du vergewaltigt, weil ich von dir schon längst aufgeladen worden bin!", rief ich. Doch da hatte sie meine Hände schon fest im Griff. Was soll ich sagen, außer ein paar blauen Flecken bei mir und ihrem abgerissenen Gummi beim Höschen ist nichts passiert. Das hätte ich mir nicht gedacht, daß so ein herziges Preußenmädchen so bei Kräften sein kann!

Langsam gingen wir dann Arm in Arm nachhause. Nach dem Kaffeetrinken ließ ich Erika ihre Arbeit machen und ging allein im Dorf spazieren. Bald darauf war es dann zum Schlafengehen. Ich durfte in jenem Zimmer schlafen, in dem ich mit meinem Kameraden Cerny gewohnt hatte. Es war Erikas Zimmer, sie selbst schlief wie damals im Wohnzimmer. Am nächsten Tag fuhr Erika mit dem Fahrrad nach Jüterbog in die Arbeit. Vorher war sie zu meinem Bett gekommen und hatte mir ein Abschiedsküßchen gegeben. Sie beauftragte mich auch, am Vormittag zu ihrer Freundin Traudl auf die Gemeindestube zu gehen und etwas für den Abend zu vereinbaren. Am Abend sollte dann eine Feier von einer in Niedergörsdorf stationierten Fliegertruppe stattfinden.

Abb. 22: Josef Harreiter mit Erika Haseloff (links) und ihrer Freundin Traudl; September 1944 in Niedergörsdorf bei Jüterbog (Slg. Harreiter).

Die Stunden des nächsten Tages vergingen langsam, und ich erwartete Erika bereits mit Sehnsucht, als sie von der Arbeit kam. Um acht Uhr abends gingen wir dann zur Feier des Fliegernachkommandos. Außer Erika und Traudl waren auch noch andere Mädchen des Dorfes geladen. Da ging es uns gut. Die zehn Soldaten tischten Bohnenkaffee, Wein, Sekt, Salami, Keks, Schokolade und noch alles mögliche auf. Einer der Flieger spielte mit einer Harmonika zum Tanz auf. Wir konnten längst nicht alles verzehren. Woher sie das alles hatten, verrieten sie nicht. Solche Delikatessen gab es zu dieser Zeit nur mehr im Kasino eines Generalstabes! Jedenfalls durften wir von alledem nichts verraten. In unserer angeheiterten Stimmung dachte keiner an den „totalen Krieg", der unzähligen Kameraden das Leben nahm, dachte keiner an die zerbombten Städte, in denen Frauen, Kinder und Greise umkamen und schon gar nicht daran, daß Menschen in Gaskammern vernichtet werden. Am nächsten Tag zog die Fliegertruppe wieder weiter. Ich war eigentlich froh, weil ich die Gestapo[111] fürchtete. Hätte man uns erwischt, wären die Mädchen ins Zuchthaus gekommen und wir als Volksschädlinge vor ein Kriegsgericht gestellt worden.

Für meine letzten Urlaubstage bekam Erika von ihrem Chef auch einige Tage frei, und wir machten täglich eine Radtour. Wenn wir irgendwo ein schönes Platzerl fanden, breiteten wir unsere Decke auf, und das Umtollen begann von neuem wie am ersten Tag. Mich plagte der Gedanke, ob ich für Erika vielleicht nur ein „Teddybär" zum Spielen und Schmusen sei. Ich wäre gerne ganz mit ihr vereint gewesen. Als ich nur mehr zwei Nächte vor mir hatte, raffte ich mich auf und ging vor dem Schlafengehen durch das Vorzimmer zu ihr. „Ja, wat machst du denn da?", war ihre erste Frage, als sie mich zu ihrem Bett hinschleichen hörte. Sie war kühl und abweisend. So setzte ich mich auf die Bettkante, griff nach ihren Händen und flüsterte ihr zu: „Erika, ich fahre morgen mit dem ersten Zug nach Hohenziarz, obwohl ich noch zwei Tage dableiben könnte. Wenn mich auch die Kameraden von der 1. Batterie für verrückt halten, weil das bei der Wehrmacht noch nicht vorgekommen sein wird. Oder was soll ich, zu meinen Eltern kann ich auch nicht mehr fahren." Blitzschnell fragte sie: „It dat wahr?“ „Ja Erika, es ist mein fester Entschluß, weil ich nicht mehr umturnen und schmusen mit dir möchte, ich möchte dich ganz kennenlernen!“ Sie drückte mit der Rechten die kleine Stehlampe auf dem Tisch neben ihrem Bett an und starrte unbewegt in die Zimmerecke, bis ich meine Hände langsam von den ihren löste und sagte: „Ich gehe jetzt in mein Bett schlafen und morgen früh fahre ich weg!“ „Dat darfst du nicht!“, entgegnete sie und fiel mir dabei um den Hals. Ich griff dann mit meiner rechten Hand unter ihre Kniegelenke, trug sie in mein Zimmer und legte sie in mein Bett.

Es war schon längst Mitternacht vorbei, als wir zwei einschliefen. Mit zufriedenem und frohen Herzen wachte ich morgens auf, zufrieden, weil sie mir das gegeben hatte, was ich schon längst ersehnt hatte. Zufrieden und stolz war ich, weil sie noch völlig unberührt gewesen war. Mit ein paar Busserln auf die Stirn und ihre Stupsnase küßte ich sie dann wach. Ihre ersten Worte waren: „Ich wollte mit dir im Bett erst dann beisammen sein, wenn du wiederkommst, weil dann der grausame Krieg schon zu Ende sein wird. Er kann doch nicht mehr lange dauern. Ich kann nichts dafür, daß es diese Nacht schon passiert ist.“ Ich tröstete sie und versprach ihr, daß ich wiederkomme. Wir verbrachten dann auch die letzte Nacht noch eng beisammen. Ich bekam keine blauen Flecken mehr, und es gab auch keinen abgerissenen Gummi!

Dann war auch schon der Tag meiner Abreise da. Um acht Uhr morgens fuhr mein Zug von der Haltestelle Niedergörsdorf ab. Ihre Augen glänzten, als sich der Zug in Bewegung setzte und ich ihr vom offenen Fenster zuwinkte. „Komm wieder! Hoffentlich spielt das Schicksal auch mit!“, waren ihre letzten Worte. Es war mein fester Entschluß, sie wiederzusehen, doch das Schicksal wollte es anders. Erst nach fast 46 Jahren machte ich mit meiner Tochter und meinem Schwiegersohn mit dem Pkw eine Reise nach Berlin. Dabei forschten wir nach Erika und fanden sie am 4. August 1990. Sie ist seit über vierzig Jahren glücklich verheiratet, längst Oma und freute sich mit ihrem Mann sehr über unseren Besuch.

Am 22. September 1944 kam ich dann mit meinem Wäschebeutel in Hohenziarz bei Magdeburg bei der 1. Batterie der Sturmgeschützbrigade 244 an. Hier fand die 3. Neuaufstellung statt, weil die ganze Brigade bereits zum zweiten Mal an der Ostfront aufgerieben worden war. Als ich in das Dorf ging, begegneten mir viele fremde Soldaten in Sturmuniform, die jedoch alle zur 1. Batterie gehörten. Ich fragte sie, wo der Spieß seinen Schreibstubenwagen habe. „Ganz mitten im Dorf drinnen", bekam ich zur Antwort. Wortlos ging ich weiter, bis ich den Wagen vor einem Haus stehen sah. Ich hörte, wie drinnen jemand mit der Maschine schrieb, da sah ich auch schon den Spieß daherkommen. Ich hatte diesen Mann noch nie gesehen und meldete mich: „Obergefreiter Harreiter meldet sich von der Ersatztruppe wieder zur 1. Batterie zurück!" Er fragte mich, was ich bei der Ersatztruppe gemacht hätte. Das war schnell erzählt, dann bekam ich einen Quartierzettel. Wir waren alle wie bei der 2. Neuaufstellung in Privatquartieren untergebracht. Der Spieß machte mich aufmerksam, ich solle den Dienstplan für den nächsten Tag ansehen. Als ich den gelesen hatte, fiel mir gleich alles hinunter. Ich bekam einen neuerlichen Haß auf „diesen Kommiß", daß ich auf der Stelle hätte davonlaufen können. „Fußdienst, Geländemarsch, Appell" – alles wie in der Rekrutenzeit! Und ich als Unteroffiziersanwärter mußte „den ganzen Käse" von neuem mitmachen, das kränkte mich in meiner Ehre. Hätte ich doch das kleine Ruckerl zum Unteroffizier geschafft, sähe die Welt jetzt anders aus.

Ich ging dann in mein Quartier, zu einer älteren, dicken Frau namens Ihlo, wo ich in einem kleinen Zimmerl auf dem Dachboden wohnte. Am nächsten Tag war um 7.00 Uhr Antreten auf dem Dorfplatz. Personalmäßig waren wir bereits fast vollständig. Meine Tätigkeit als Panzerwart unterschied sich kaum von jener in Dorf Zinna im Juni 1941 und der in Niedergörsdorf im Mai 1943. Allerdings mußten wir häufig in der Nacht arbeiten, weil wir ständig von feindlichen Tieffliegern bedroht wurden. Das Kriegsmaterial, das wir zum Einsatz vorzubereiten hatten, war ganz neu. Wir blieben drei Wochen in Hohenziarz.

Nach Westen

Mitte Oktober 1944 kam dann der Befehl, daß unsere Brigade in der Dunkelheit auf dem Bahnhof Burg nordöstlich Magdeburg verladen müsse. Hier gab es keinen Nachturlaub und keine Mädchen mehr wie in Jüterbog, lediglich die Unterweisung, wie wir uns bei einem Tieffliegerangriff verhalten sollten. Jeder hatte Angst, weil so ein Zug mit Panzern, Fahrzeugen, Geräten, Treibstoff und Munition ein willkommenes Angriffsziel war, und wir bei einem Angriff auf unseren rollenden Transport hilflos „in die Luft hätten gehen können".

Diesmal rollte der Zug nach Westen! Als es hell wurde, waren wir in Soest in Westfalen. Während wir auf dem Bahnhof standen, holten wir uns von der Küche schwarzen Kaffee. Es gab schon lange nur mehr den gewöhnlichen „Schwarzen ohne Zucker". So mancher hatte noch ein Stück trockenes Brot und etwas Kunsthonig, manche verwendeten den Kaffee als Rasierwasser. Die Stimmung war schlecht und angespannt, wohl auch deswegen, weil wir einander noch nicht richtig kannten und auch nicht wußten, ob wir nicht von einem überlegenen Gegner vernichtet werden würden. Vor der Abfahrt in Soest ließ uns der Chef antreten und teilte uns mit, daß unser Ziel noch unbekannt sei. Auch auf die verheerenden Folgen eines Tieffliegerangriffes wies er erneut hin.

Dann rollte unser Transport durch das Ruhrgebiet. Hier sahen wir Häuserruinen, Mauerreste, entwurzelte Bäume, zerrissene und übereinandergetürmte Bahnanlagen soweit das Auge reichte. Den Eindruck kann man gar nicht beschreiben. Trotzdem hatten wir Glück, weil über uns den ganzen Tag eine Nebeldecke hing, die die Tiefflieger abhielt. Als es dunkel wurde, kamen wir in Utrecht an, wo wir sofort mit dem Ausladen begannen.

In dieser holländischen Stadt herrschte der Ausnahmezustand, das heißt, daß sich in der Nacht kein Mensch im Freien aufhalten durfte. Menschenleer und totenstill war es in den finsteren Straßen zwischen den Häusern, wo wir unser Panzer und Fahrzeuge aufstellten. Wir sollten die Nacht hier verbringen und im Morgengrauen nach Süden in den Raum von 's-Hertogenbosch aufbrechen sollten. Bevor wir uns auf unseren Fahrzeugen zum Schlafen verkrochen, ging ich noch mit zwei Kameraden um ein paar Häuserblocks, überall war es gespenstisch still, wie ausgestorben.

Der Motorenlärm unserer Fahrzeuge durchbrach die Stille. Wegen der trüben Witterung verlief die Verlegung problemlos. In dem genannten Gebiet lagen wir bis Anfang Dezember nahezu kampflos. Unsere Arbeit war das Verstecken der Fahrzeuge in Schuppen, Hallen und unter Bäumen. Wir schliefen in leerstehenden Häusern, in Sälen und Schulen, immer auf dem Fußboden in Massenquartieren. Bei der Zivilbevölkerung waren wir verhaßt, und wir hatten daher auch mit ihr keinen Kontakt. Plötzlich und für uns überraschend kam dann der Rückzugsbefehl. In Nachtmärschen ging es nach Nordosten, wo wir bei Emmerich die deutsche Grenze überschritten. Dann zogen wir zwischen Maas und Rhein nach Süden, bis zu den Ardennen.

Auch von der deutschen Bevölkerung wurden wir bei der täglichen Quartiersuche nicht gerade freundlich behandelt, am liebsten hätten sie uns heimziehen gesehen. Die Menschen hatten durch die Luftangriffe Tag und Nacht keine Ruhe. Ständig wurden im Rundfunk feindliche Flugzeuge gemeldet, ständig war man im Ungewissen: Werfen sie ab, fliegen sie drüber, ändern sie die Richtung oder kommen sie wieder? Es gab bereits große Verluste in der Zivilbevölkerung, und an den Fronten war so mancher Vater oder Sohn gefallen bzw. vermißt. Dazu kam der Mangel an Lebensmitteln und Bekleidung. Man sah es den Menschen an, daß es ihnen nicht gut ging. Die Bevölkerung sah zu, wie Kommandos flüchtende deutsche Soldaten standrechtlich erschossen oder aufhängten. Darunter waren nicht wenige, die in den zahlreichen Feldzügen bereits Unbeschreibliches mitgemacht hatten. Die Gehängten hatten dann eine Tafel um den Hals, auf der „Ich hänge wegen Feigheit!", oder „Muß wegen Hochverrat hängen!" stand.

Bevor wir zu den Ardennen kamen, fiel uns auf, daß hier von allen Seiten ein großer Truppenaufmarsch mit vielen schweren Waffen, darunter auch die neuen Tigerpanzer, im Gange war. Auch unsere Waffengattung, die Sturmartillerie, war neu und gut ausgerüstet. Unter den Landsern wurde gesprochen, daß die deutsche Wehrmacht in Kürze eine Winteroffensive starten werde und den Feind wieder aus Frankreich vertreiben wolle. Inzwischen war auch 10 bis 15 cm Schnee gefallen.

Es war Mitte Dezember, als es eines Morgens aus allen Rohren zugleich krachte.[112] Am gleichen Tag drang unsere Brigade mit Infanterieunterstützung von der belgischen Grenze über St. Vith in die Ardennen vor. Dieses Städtchen wurde dabei fast gänzlich zerstört. Der größte Teil der Bevölkerung war mit den amerikanischen Soldaten geflüchtet. Uns fielen dabei Gefangene, Kriegsmaterial und vor allem wertvolle Lebensmittel – hauptsächlich Konserven – in die Hände. Wir Panzerwarte versorgten die Sturmgeschützpanzer mit Nachschub, wobei wir alles Eßbare zusammenrafften und auf den Fahrzeugen verstauten. Drei Nächte lag unser Troß in der zerschossenen und menschenleeren Stadt St. Vith. Wir schliefen in leerstehenden Häusern, gelegentlich in Federbetten. Tagelang drangen wir dann weiter in das Landesinnere vor und erbeuteten immer mehr Lebensmittel. Bei den wenigen Menschen, die wir antrafen, waren wir verhaßt, obwohl viele deutsch sprachen. Wir hatten ja ihre amerikanischen Befreier wieder vertrieben, ihnen Verluste zugefügt, ihre Häuser zerstört oder abgebrannt. Außerdem ahnten sie, daß „die Kriegswalze" in nächster Zeit noch einmal über ihre Heimat rollen werde.

Ungefähr nach einer Woche blieb diese Offensive im Abwehrfeuer stecken.[113] Der kämpfenden Truppe gaukelte man vor, es handle sich um eine Kampfpause. Von den erbeuteten Dosen nahm jeder an Körpergewicht zu, mit den alkoholischen Getränken wurden Siegesfeiern veranstaltet. Dabei sang man die Lieder „Panzer rollen in Belgien vor" und „Wir werden weiter marschieren".[114] Man konnte die Idealisten und Fanatiker erkennen. Einmal nahm mich ein angeheiterter Oberwachtmeister um den Hals und stotterte mir ins Ohr: „Eines ist wichtig, wie es sich schon jezeigt hat, wichtig, sage ick, dat wir sicher den Krieg jewinnen. Auf unseren Führer ist Verlaß, sage ick, unser Führer hat noch janz andere Sachen auf Lager, damit wir unsere Feinde vernichten können, nich wahr!" Was hätte ich denn sonst zur Antwort geben können, als: „Jawohl, Sie haben recht!"

Bald darauf entwickelte sich ein Abwehrkampf, vorwärts kamen wir keinen Meter mehr. Mit großen Verlusten zogen wir uns schließlich in Richtung Köln zurück. Durch die vielen Toten und Verwundeten, bekamen wir auch bei unserer Batterie ständig neue Gesichter zu sehen. Viele liefen zum Feind über. Der Rückzug erfolgte von Dorf zu Dorf, meist in der Nacht, weil tagsüber die Tiefflieger ständig da waren und sogar auf einzelne Radfahrer schossen. Da war die Stimmung auch bei den Siegessicheren auf den Nullpunkt gesunken. Die Ungewißheit, wie das alles enden werde, machte uns zu schaffen.

Eines Tages Anfang März 1945 war unser Troß in Fliestetten westlich von Köln einquartiert, kurz zuvor waren wir einige Kilometer weiter südlich in Glessen gelegen. Da schickte mich der Spieß mit einem offenen VW-Geländewagen nach Glessen, um vergessene Kisten zu holen. Als ich dort ankam, tauchten Tiefflieger auf. Ich stellte mein Fahrzeug in eine Hauseinfahrt und suchte in einem Keller Deckung. Dahin hatte sich auch die Zivilbevölkerung geflüchtet. Ich kam mit den Leuten ins Gespräch, und sie fragten, woher ich komme. „Was sagen Sie, wird dieser Krieg noch lange dauern, werden wir gewinnen?" Obwohl ich keine Antwort gab, dürften sie meine Gesinnung erkannt haben, weil mir eine ältere Dame zuflüsterte: „Ich sage Ihnen, wir wären alle froh, wenn die Amerikaner schon hier wären. Der Krieg ist nicht mehr zu gewinnen. Was glauben Sie, wird dann Österreich wieder ein eigenes Land? Was werden sie mit uns Deutschen machen?" Ich war über diese Offenheit erstaunt.

Freiwillig in die Gefangenschaft

So waren die Stunden in diesem Keller vergangen, und ich kehrte mit den Kisten erst am Nachmittag zu meiner Einheit zurück. Als ich mich beim Spieß meldete, fing er gleich zu schreien an und drohte mir wegen unerlaubten Fernbleibens von der Truppe mit dem Kriegsgericht. „Vorerst müssen Sie heute in der Nacht Strafwache stehen!" waren seine letzten Worte. Ich machte die Ehrenbezeigung, eine Kehrtwendung und kehrte in mein Quartier zurück. Der Spieß war deswegen so wütend, weil der Chef den VW gebraucht hätte und ich nigends zu finden gewesen war. Im Quartier gab ich meine Kaltverpflegung und eine Garnitur Unterwäsche in den Wäschebeutel, dazu meine Pistole mit vollem Magazin und eine Decke. Als es finster war, versteckte ich das Ganze dort, wo ich nachher Wache hatte.

Auch der wachhabende Unteroffizier hielt mir eine Moralpredigt, was mir da eingefallen sei und ob ich nicht daran gedacht hätte, daß das für mich in der angespannten Lage Folgen haben könne. Meine Gedanken waren, ja nichts dagegen zu reden. Als ich dazu schwieg, gab er mir das Gewehr und den Patronengurt. Ich trat um 22.00 Uhr meine erste Wache an, ging gleich zu meinem Wäschebeutel, nahm ihn, lehnte das Gewehr an eine Hausmauer und legte den Patronengurt dazu. Dann lief ich querfeldein.

Nach ein paar Kilometern kam ich zu einem Bacherl, in dem ich etwa fünfzig Meter aufwärts ging. Dann setzte ich meine Flucht auf der anderen Seite fort. Nach acht bis zehn Kilometern erreichte ich einen großen Stadel, der fast zur Gänze mit Stroh voll war. Das war mein erstes Versteck. Ich zog die nassen Schuhe und Socken aus, wickelte meine Füße mit der Unterwäsche ein und deckte mich mit Mantel und Decke in einem Strohhaufen zu. Drei Tage und drei Nächte blieb ich hier. Durch ein kleines Fenster beobachtete ich, daß die Front immer näherkam. Meine Kaltverpflegung hatte ich bereits aufgegessen, aber eigentlich trieb mich der Durst aus dem Versteck. Mitten in der Nacht machte ich mich auf den Weg. Nach etwa einer Stunde fand ich eine Wasserlacke. Das Wasser schmeckte zwar scheußlich, doch der Durst war gelöscht. Nicht weit davon fand ich wieder einen Stadel und einen Erdhaufen, aus dem ich Rüben und Karotten ausgrub. Nachdem ich meinen Hunger gestillt hatte, gab ich einen Teil der Nahrung in meinen Wäschebeutel. Von da aus beobachtete ich wieder den Frontverlauf. Es krachte ringsherum, und ich kannte mich überhaupt nicht mehr aus.

Am 5. März 1945 verließ ich mein Versteck um neun Uhr abends und ging in jene Richtung, in der ich die Amerikaner vermutete. Meine geladene Pistole hatte ich entsichert, denn von der SS hätte ich mich nicht fangen und erschießen lassen. Ich hätte mich gewehrt, die letzte Kugel wäre für mich gewesen. Nach einigen Kilometern kam ich zu einem hohen Straßendamm. Ich legte mich flach hin, weil ich ständig Fahrzeuge fahren hörte, aber nicht ausnehmen konnte, ob das Deutsche oder Amerikaner waren. Schließlich kroch ich bis zur Straßenkante hinauf und stellte fest: „Das sind Amerikaner!"

Nun warf ich meine Pistole samt der Munition weg und stellte mich mit dem Wäschebeutel auf die Straße. Nach ein paar Minuten kam ein Auto. Ich riß die Hände in die Höhe, doch die sahen mich in der Dunkelheit nicht und fuhren weiter. Der nächste Wagen, ein Jeep mit zwei Mann, blieb stehen. Einer sprang heraus und tastete mich von oben bis unten ab, dann durchwühlte er meinen Wäschebeutel und warf die Rüben und Karotten weg. Der andere hatte dabei seinen Revolver auf mich gerichtet. Bei dem Abtasten hätte ich gerne eine Hand ein wenig heruntergegeben, bekam aber gleich einen Boxer in den Ellbogen, daß mir der Arm noch lange wehtat. Danach mußte ich mich auf die Motorhaube setzen und die Hände hinter dem Kopf verschränken.

Nach einigen Kilometern kamen wir zu einem größeren Haus. Die beiden brachten mich hinein. Dort fragte mich ein deutschsprechender Offizier, woher ich käme. Ich antwortete: „Bin abgehauen, weil ich zu lange im Luftschutzkeller war und deshalb vor ein Kriegsgericht kommen sollte." Eine gute Stunde saß ich dann in einer Ecke dieses Raumes auf dem Fußboden. Ständig gingen die „gespreizten Amerikaner“ aus und ein, ein jeder blickte mich dabei kurz an. Dann blieb vor der Tür ein Lkw stehen, auf den mußte ich schnell hinten hinauf.

Der Wagen war voll mit deutschen Gefangenen, ein Schwarzer fuhr mit uns wie die Feuerwehr. Nach einiger Zeit kamen wir zu einem verlassenen Gehöft, das von der Militärpolizei bewacht wurde. Schnell mußten wir herunterspringen und in das Haus laufen. In dem Gebäude, in den Stallungen, in der Scheune und auf den großen Freiflächen waren schon tausende deutsche Gefangene und im Laufe des nächsten Tages kamen noch mehr. Ein jeder hätte gerne ein weiches Platzerl zum Sitzen und Liegen gehabt, es war jedoch alles überfüllt. Schlafen konnte man nur mit gekrümmtem Rücken und angezogenen Beinen, wobei der eine halb auf einem anderen lag. Die wenigen freien Flächen dazwischen hatten sich durch den Regen und das Gehen in Morast verwandelt.

Zur Verpflegung bekamen wir jeden Tag eine leichte und eine schwere Konservendose mit etwa einem Viertelliter Inhalt, in der leichten waren Keks und in der schweren Gemüse. Beim ersten Mal erwischte ich sogar vier Dosen, weil viele Gefangene von ihrem Vorrat lebten. Sie fürchteten, beim Dosenholen um ihren Platz zu kommen. Das tat mir gut, hatte ich ja in den letzten Tagen nur mehr Rüben und Karotten zu mir genommen. Wie Bruthennen saßen die Gefangenen auf ihren Strohplätzen, sie rauchten dabei und verrichteten dort auch ihre Notdurft. Es war ein Wunder, daß dabei kein Feuer ausbrach.

Nach einigen Tagen bekamen wir von den Franzosen die doppelte Ration amerikanischer Dosen als Marschverpflegung, weil wir in Güterwaggons nach Frankreich transportiert werden sollten. Wie viele andere aß ich vor Hunger gleich alles auf einmal auf. Es war der 9. März 1945, als wir das Gehöft verließen. Mit amerikanischen Lkws fuhren wir zu einem Bahnhof, ich glaube es war Düren westlich von Köln. Hier stand ein langer Güterzug mit zweiachsigen Waggons, vor jedem Waggon mußten sich achtzig Mann aufstellen. Wie sollten wir da alle hineinpassen?

Auf jeder Seite des Waggons stand ein französischer Wachposten. Ein Posten riß die Waggontür auf, und auf sein lautes „Allez hopp – Gehen Sie, hopp!" hin hatten wir in die Wagen zu klettern. Wer zu langsam war, bekam mit dem Gewehrkolben einen Stoß in die Rippen. Als etwa die Hälfte drinnen war, war der Wagen voll, doch hinein mußten alle. Der Waggon war dann so voll, daß keiner hätte umfallen können. Nach dem Schließen der Tür war es stockfinster, nur knapp unter dem Dach waren kleine Schlitze. Es wurde gleich heiß und schwül!

So standen wir vor der Abfahrt ein paar Stunden in der heißen Sonne. Jeder stöhnte und schwitzte, wir hatten Angst, sie würden uns verdursten und ersticken lassen. Da schrie einer laut: „Aufmachen, aufmachen, wir müssen alle ersticken, macht doch auf ihr Mörder!" Tatsächlich öffnete die Wache die Tür ein Stück, und ein älterer Herr in Zivil, es dürfte eine Jude gewesen sein, rief uns zu: „Ihr habt die gefangenen Russen viel grausamer behandelt!" Dann sagte er dem Posten etwas auf französisch, worauf uns ein anderer in einer amerikanischen Blechdose Wasser brachte und diese bei dem Spalt hereinstellte. Die in der Nähe Stehenden begannen sofort gierig herauszuschöpfen, sodaß die Hälfte verschüttet wurde und die meisten nichts bekamen. Andere Wagen, glaube ich, hatten bessere Belüftungsöffnungen. Dennoch hatten wir Glück, weil einer ein Messer mitgeschwindelt hatte. So konnten wir während der Fahrt in die Waggonwand ein kopfgroßes Loch schneiden, das war unsere Rettung. Drei Tage und zwei Nächte waren wir ohne Wasser und ohne einen Bissen Brot unterwegs. Unser Atem ging schon schwer, und wir lagen zum Teil aufeinander. Wenn es einem zu dumm wurde, verschaffte er sich durch Boxen und Ohrfeigen Abhilfe. Natürlich schlug der andere auch zurück.

Viel verdanke ich dem Edi Gall aus Ebergassing bei Gramatneusiedl. Er war sieben Jahre älter als ich und ein ausgeglichener, ruhiger Mann. Oft tröstete er mich, ich solle ruhig bleiben, so sei es am besten. „Pepi", sagte er, „i bin übazeugt, mia werdn durchkemma. Setz di do her af meine Fiaß und schlof a weng!" Das Schlimmste war der Durst, aber auch die schreckliche Luft in dem Waggon, weil jeder seine Notdurft dort verrichtete, wo er knotzte. Manche machten sich mehrere

Male an, ich weiß nicht, was die vorher gegessen hatten. Gall und ich hatten keine Probleme, weil wir schon mit leerem Magen gefangengenommen worden waren.

Am Nachmittag des 11. März 1945 blieb der Zug stehen, die Tür wurde entriegelt, wir mußten aussteigen und in Fünferreihen antreten. Vorerst torkelte jeder, aber die frische Luft tat uns gut. Kurz darauf setzte sich die große Kolonne mit über 2000 Mann zu Fuß in Bewegung. Was mit denen geschah, die nicht gehfähig waren, kann ich nicht sagen. Es wurde unter den Gefangen auch davon gesprochen, daß Tote in den Waggons zurückgeblieben seien.

Nach etwa einer Stunde kamen wir zu einem Lager mit Stacheldrahtzaun und Wachtürmen, angeblich war das früher ein französischer Militärflughafen gewesen. Wir befanden uns hier in der Nähe von Le Mans. In einem Gebäude am Rande des Lagers gingen wir durch eine Sperre und bekamen in eine Blechdose oder in ein Kochgeschirr ein paar Schöpfer Gemüsesuppe bzw. einen Wecken Brot, den sich sechs Mann teilen mußten. Das Austeilen der Verpflegung nahmen deutsche Gefangene vor. Hier gab es auch Wasser zum Trinken und einen Balken zum Verrichten der Notdurft. Die kommenden Nächte unter freiem Himmel waren sehr kalt. Edi und ich wickelten uns in zwei Decken und legten uns eng zusammen. Schlafen konnten wir bei dieser Kälte fast nie, angenehm hingegen war die warme Märzensonne nach dem Suppenauslöffeln zu Mittag. Jeder hoffte, daß unser Gefangenendasein besser werde.

Nach knapp zwei Wochen wurde in diesem Lager eine Kolonne von 1600 Mann zum Abmarsch zusammengestellt. Edi und ich waren dabei. Bei diesem Fußmarsch wurden wir streng bewacht. Wir kamen durch Ortschaften, wo uns die Zivilbevölkerung mit Steinen und anderen Gegenständen bewarf und anspuckte. Die Wachposten betrachteten das mit Schadenfreude. Manche Leute riefen uns vom Straßenrand spottend zu: „Sieg eil, Eil Hitler, Eil Hitler, wir kapitulieren nie! Sieg eil, Bomben auf deutsche Land!“ Dann flogen schon wieder Gegenstände auf uns zu. Wer getroffen wurde, reagierte jedoch kaum. Jeder sah zu, daß er im Marschverband blieb. Keiner hätte sich einen Schritt hinaussteigen getraut, die Posten hätten gleich geschossen. Am schlimmsten waren die halbwüchsigen Buben und die Schulkinder. Schließlich kamen wir auf einen Güterbahnhof, wo bereits ein Zug mit zwanzig offenen Wagen bereitstand. In jedem von ihnen mußten wieder achtzig Mann einsteigen, sie waren aber etwas größer. Als wir alle drinnen waren, gingen die französischen Soldaten in den Bremshäuschen mit der Maschinenpistole auf Posten. Es dauerte nicht lange, und der Zug setzte sich in Richtung Westen in Bewegung. Auf der Fahrt kamen wir unter zahlreichen Straßen- und Wegüberführungen durch. Da trachteten wir, unsere Köpfe in Sicherheit zu bringen, überhaupt, wenn wir von weitem dort oben eine Menge Leute stehen sahen. Da wurde auf „die verhaßten Deutschen“ wieder alles mögliche heruntergeworfen. Das war für uns eine Spießrutenfahrt! Auf dem Bahnhof von Rennes mußten wir aussteigen. Von hier marschierten wir schwer bewacht in das von Amerikanern errichtete Gefangenenlager.

Als wir dort ankamen, hieß es: „Alle Gefangenen, die vor dem 12. März 1938[115] österreichische Staatsbürger waren, bilden eine eigene Marschgruppe!“ So etwa 150 Mann wurden dabei von den anderen getrennt. Ein Bayer fragte mich und Edi, ob die Bayern auch eine eigene Marschgruppe werden und ob wir wüßten, was mit uns geschieht. „Wir reisen morgen mit dem Luxusexpreß nach Österreich!“ gaben wir ihm zur Antwort. Das riesige Lager war in mehrere kleinere unterteilt. In jedem Lager standen große amerikanische Zelte mit einem meterbreiten Mittelgang. Links und rechts von dem Gang lag Stroh zum Schlafen. In so einem kleineren Lager waren auch wir Österreicher untergebracht. Ich weiß nicht mehr, wie viele Menschen so ein Zelt faßte. Nachts lagen wir wie Sardinen geschlichtet.

Die nächsten fünf Monate verbrachten wir in diesem gefürchteten „Hungerlager“ Rennes bei folgendem Tagesablauf: Um sieben Uhr morgens gab es den schwarzen Kaffee, besser gesagt ein schwarzgefärbtes Wasser. Zum Kaffeeholen waren täglich andere Gefangene eingeteilt. Zwischen zehn und elf war dann die „Pletschensuppe“ zu holen. „Pletschensuppe“ deswegen, weil sie aus Krautblättern, warmem Wasser und einem dünnen Bindemittel bestand. Jeder bekam davon etwa einen halben Liter. Nachmittags wurde dann um etwa vier Uhr ein Kilo Brot für vier bis sechs Mann ausgegeben. Meist war die Ration auf sechs Mann aufzuteilen. Es war uns klar, daß uns die Franzosen nicht mit Leckerbissen aufwarten würden. Sie hatten durch die Feldzüge in ihrem Land und die jahrelange Besatzung viel mitgemacht, auch unter der Zivilbevölkerung herrschte noch Hungersnot.

Bei dem Suppenverteilen aus den großen Gefäßen ging es oft unbeschreiblich zu. Einer rührte mit einem großen Prügel ständig um, damit keiner die Suppe zu dick bekam. Trotzdem wurde gestritten und gerauft. Jeder glaubte, sein Schöpfer war nicht so voll oder so dick wie der des anderen. Beim Anstellen wurde auch herumgestoßen, vor allem dann, wenn die Suppe im Topf schon zur Neige ging und noch eine Reihe wackeliger Gestalten mit ihren leeren Blechdosen dastand. Ganz arg war es, wenn jemand versuchte, sich ein zweites Mal anzustellen. Oft war die Suppe beim Essen schon ganz kalt. Der ins Lager wehende Westwind kühlte nicht nur die Suppe ab, er blies auch Sand und Schmutz herein. Dieser Wind war so lästig, er begann um neun Uhr vormittags und hörte erst bei Sonnenuntergang wieder auf. Weniger gestritten wurde beim Brotverteilen. Fast ein jeder hatte sich aus Schnüren und Holzstangerln eine kleine Waage gebastelt. Der Wecken wurde in der Mitte durchgeschnitten, dann die beiden Teile auf die Waage gehängt. Schließlich teilte man die gleichen Hälften noch einmal und wiederholte den Vorgang. Das Aufteilen auf sechs Mann war schon wieder schwieriger, dabei kamen Handgreiflichkeiten vor.

Mit der Zeit waren wir auf das Skelett abgemagert, fürchterlich nervös und gereizt, weil wir unser Ende kommen spürten. Besonders deprimierend war es, wenn wieder einer von uns gestorben war. Bei den Todeskandidaten stellten sich zuerst dicke Füße ein, Wasser in den Füßen, das dann mit der Zeit immer höher stieg, bis es beim Herz angelangt war; dann war es aus! Ein Gefangenenkommando legte den Toten auf ein Plateauwagerl, deckte ihn zu und brachte ihn weg. Wohin die Toten kamen, wußten wir nicht, wahrscheinlich in ein Massengrab.

Waren wir nicht gerade mit der Verpflegung beschäftigt, gingen wir hinter dem Stacheldraht auf und ab. Dabei wurden bezüglich des Heimkommens immer neue Parolen ausgetauscht. Manche konnten so überzeugend berichten, und die quälende Sehnsucht nach der Heimat machte uns zu leichtgläubigen Zuhörern. Wenn wir dann oft in kleinen Gruppen auf dem Boden beisammensaßen, gab es nur zwei Themen, den Heimtransport und das gute Essen. Das Aufstehen mußte ganz langsam erfolgen, weil wir sonst wegen des Schwindels sofort wieder hingefallen wären. Immer wieder war vom Kochen und vom Essen die Rede. Wir hatten dabei das Gefühl, daß dadurch der Hunger etwas abgeschwächt wurde. Viele schrieben auf die amerikanischen Klopapierrollen Kochrezepte. Der Hunger plagte uns nach dem Niederlegen am Abend am allermeisten. Manche, meist Ältere standen dann wieder auf und suchten in ihrem Wäschebeutel oder in den Manteltaschen nach Eßbarem, sodaß die anderen nicht schlafen konnten. Dann wurde wieder geschimpft: „Oida, gib an Ruah und leg di nieda! Do herin findst do eh ned amoi mehr an Schas!“ So ein Streit konnte sich im ganzen Zelt verbreiten.

Als Abort war am Ende des Lagers eine große Grube ausgegraben, über der ein runder Balken montiert war. Wir mußten nur alle vier bis fünf Wochen dort hingehen. Dort saßen oft mehrere eine ganze Stunde lang, bis jeder „sein steinhartes Knöderl“ los war. Ich weiß noch genau, daß ich den ganzen Juli 1945 nie auf diesem Balken saß. Ich war also einen ganzen Monat nicht auf dem Abort.

Neben dem Stacheldraht war ein Grünstreifen, den wir nicht betreten sollten. Auf ihm standen auch einige Eichen. Das Gras dort wurde aber trotzdem von den Gefangenen immer abgerissen und dann in Blechdosen mit heißem Wasser zubereitet und gegessen. Manche aßen auch Schnecken und Frösche roh. Ich bin einem solchen Tier nie begegnet, andere hingegen fanden alles. Gefangene, die ihr Brot gegen Tabak oder Zigaretten eintauschten, überlebten selten. Ich kann mir gar nicht vorstellen, woher sie das bekommen haben.

Unser Dasein wurde von Woche zu Woche schlimmer. Wie wandelnde Schatten gingen wir neben dem Stacheldraht hin und her. Die Haut auf den Knochen war wie Leder, von der Sonne braungebrannt und vom Wind ausgetrocknet. Unsere

Blicke gingen nach draußen, wir sehnten uns nach Freiheit, nach einem Ende des erbarmungslosen Hungerns. Ohne den andern anzusehen, immer langsamer und wortkarger, ging jeder für sich. Jeder hoffte, daß er doch überleben werde. Jeder Strafgefangene weiß, wann seine Haft zu Ende ist. Wir waren im Ungewissen und hatten auch keinen Kontakt mit unseren Angehörigen, wußten auch nicht, was in der Heimat und in der Welt los war. Nur eine vorgedruckte Karte durften wir nachhause schicken, sozusagen ein Lebenszeichen – Rückantwort gab es keine!

Am 20. August 1945 erfuhren wir beim Brotholen von einem diensthabenden Franzosen, daß die Österreicher am nächsten Tag das Lager verlassen werden. Alle Gehfähigen sollten um sieben Uhr zum Bahnhof marschieren. Wie ein Lauffeuer ging die Nachricht durch das Lager. Da glänzten die Augen! „Ham gehts, ham gehts!“, wollte jeder mit entkräfteten Stimmbändern über die Lippen bringen. So mancher fiel dabei dem Nächstbesten um den Hals, obwohl der Franzose vom Heimfahren nichts erwähnt hatte. Bis spät in die Nacht wurden dann in den Zelten Zukunftspläne geschmiedet.

Am nächsten Morgen marschierten wir in einer langen Kolonne zum Bahnhof. Die meisten hatten sich eine Decke über die Schultern gehängt. Manche trugen als einziges Gepäck ein kleines Binkerl, „die Reichen“ hatten sogar noch einen Wäschebeutel mit ein paar Habseligkeiten. Wer nicht mehr gehen konnte, war in das Krankenrevier gebracht worden. In diesem Zelt waren ohnehin schon viele. Ich hörte nachher von keinem mehr etwas.

Auf dem Marsch zum Bahnhof wurden wir von der Bevölkerung nicht mehr belästigt, die Menschen betrachteten uns still und schweigsam. Wir hatten sogar das Gefühl, daß der eine oder andere mit uns Erbarmen hatte, Erbarmen über unser Aussehen. Von weitem sahen wir schon einen langen Güterzug mit offenen Wagen. In jeden Waggon sollten 60 Mann einsteigen. Es dauerte nicht lange, bis sich der Zug in Bewegung setzte. Aber er fuhr nicht nach Osten in die Heimat, sondern nach Südwesten bis Vannes. Da war unsere Enttäuschung groß! Wir kamen wieder in ein

Lager, das etwas über einen Kilometer von der Küste entfernt war. Hier gab es leere Stallungen und Wirtschaftsgebäude mit einem großen Innenhof. Auf jeden Fall hatten wir wieder ein Dach über dem Kopf.

Nach unserer Ankunft gab es schwarzen Kaffee und ein Kilo Brot. In einem kleinen Gebäude befand sich im Erdgeschoß ein Pferdestall mit Misthaufen, im Aufbau darüber waren französische Soldaten einquartiert. Die hatten gleich ihren Spaß mit uns. Einer nach dem anderen kam auf den Vorbau heraus und warf Nudeln, Kartoffeln und Brot auf den Misthaufen herunter. Wir stürzten uns wie Raubtiere auf diese Sachen. Das Essen war dann in diesem Lager ein wenig besser als in Rennes. Es gab das Brot ausnahmslos nur für vier Mann und die Suppe war auch etwas dicker. Ein paar Wachposten gingen dann täglich bei Ebbe mit uns zur Küste hinaus und ließen uns eßbare Muscheln suchen. Einer von ihnen war so nett und zeigte uns die Plätze, wo die meisten Muscheln zu finden waren. Das war schön anzusehen, wenn man etwas erhöht stand und am Ufer entlangschaute. Es sah aus, als ob eine Menge grauer Ameisen auf dem felsigen Küstenstreifen herumkrabbelte. Das Öffnen der Muschelschalen, das Heraussaugen und Schlucken der weichen Tierchen hatten wir gleich heraußen. Sie müssen auch nahrhaft gewesen sein, weil wir schon nach einigen Tagen kräftiger wurden. Auch das Schwindelgefühl nach dem Aufstehen nahm ab.

Nach ein paar Wochen kamen die Bauern der Gegend in das Lager und holten sich österreichische Gefangene zum Arbeiten. Bis neun Uhr standen wir beim Stacheldrahtzaun und warteten, bis uns einer holte. Es war Anfang September, ich stellte mich schon zeitig am Morgen zum Zaun, um auch einmal mitgenommen zu werden. Da kam ein Bauer mit einem Einspännerwagerl und verlangte vom Posten vier Gefangene. Als der Soldat das Türl öffnete, lief ich ohne zu fragen hinaus und setzte mich auf den Wagen. Als vier beisammen waren, schrieb unser Lagerleiter die Namen auf. Dann gings ab in die freie Natur!

Ich wurde bei einem etwa 45jährigen Bauernehepaar abgeladen. Im Hause wohnten noch die 20jährige Tochter, der 15jährige Sohn und ein Großvater mit etwa

70 Jahren. Das Wohnhaus bestand aus einem Raum mit einem kleinen Zubau. In dem Raum ohne Fußboden wurde gekocht, gegessen und geschlafen. Der Großvater und ich schliefen im Zubau bei den Hühnern. Das Hauptessen war auch hier Brot und eine „Pletschensuppe“, aber viel, viel besser als im Lager. Ab und zu gab es auch Fisch und Schweinefleisch. Obwohl das Ganze oft nicht sehr appetitlich aussah, war die Hauptsache, daß ich mich sattessen konnte. Heute würde ich in so einem Haus keinen Bissen hinunterbringen. Im Garten wuchs gutes Obst, da gab es auch Himbeeren, Brombeeren und Edelkastanien. Die Bäuerin machte mich aufmerksam, damit ich anfangs nicht zu viel aß. Das wäre nach dem langen Hungern ganz schlecht gewesen.

Meine erste Arbeit war, mit einem Paar Ochsen und einem einachsigen Wagen vom Feld draußen das Futterkraut zu holen, das dort auf einem Haufen bereitlag. Da ich kein Wort Französisch verstand, war es für mich nicht leicht, bis ich wußte, was sie wollten. Ich mußte mich auf den Wagen hinten hinaufsetzen, dann drückten sie mir einen eineinhalb Meter langen Stecken in die Hand, auf dessen Seite ein Nagel angebracht war. Sie gaben mir zu verstehen, daß ich damit die Ochsen in den Hintern stechen sollte, falls sie zu langsam gingen. Bevor ich wegfuhr, fragte ich noch einmal, wohin ich fahren sollte. Endlich verstanden sie, was ich wollte, und gaben mir zu verstehen, daß es die Ochsen wüßten. Dann fuhr ich los. Vorerst ging es zügig dahin, als das Haus nicht mehr in Sicht war, wurden die Ochsen langsamer. Ich überlegte, ob ich sie stechen sollte. Da ihr Hinterteil ohnehin schon ganz zerstochen war, drehte ich den Stecken um und gab ihnen einen leichten Tupfer. Gleich wurden sie schneller, sie streckten dabei den Rücken und begannen fast zu laufen.

Von weitem sah ich den Blätterhaufen, vor dem die Tiere dann stehen blieben. Jeder nahm „ein Maul voll“, dann gingen sie noch ein Stück und blieben so stehen, daß ich schön aufladen konnte. „Das sind gescheite Tiere!“, dachte ich mir. Ich ließ sie dann noch fressen, streichelte sie und versprach ihnen, daß ich sie nicht stechen werde. Zurück gingen sie ganz schön schnell, als hätten sie mein Deutsch verstanden. Vielleicht taten sie das auch, weil es heimwärts ging.

Auf den Feldern arbeiteten hauptsächlich der Großvater, der Bub und ich. Mutter und Tochter waren in Haus und Stall beschäftigt. Den Bauern selbst sah ich nie arbeiten. Neben dem täglichen Futterkrautholen mußte ich noch die farnkrautartige Streu mit einer breiten Haue kurz über dem Erdniveau abscheren und davon Häufchen machen. Heimgebracht wurde die Streu vom Buben, der sich in bezug auf mich als „großer Herr und Anschaffer" fühlte. Bei dieser Arbeit machte ich manchmal ein Feuer zum Maronibraten. Das durfte der Bub nicht sehen, wenn, dann trat er das Feuer sofort aus und warf die Maroni weg. Der Großvater war auch ein armer Teufel, auf den jeder losging, am meisten seine eigene Tochter, die Bäuerin, und seine Enkelin, der Trampel. Die war meiner Meinung nach noch „nicht ganz ausgebacken", wie man so sagt.

Am liebsten arbeitete ich mit dem Alten und nahm ihm dabei schwere Handgriffe ab, besonders beim Obstklauben. Er belohnte mich dafür mit Kautabak und starken Zigaretten. Bis Anfang November war ich bei diesem Bauern, hatte mich dabei erholt und an Gewicht zugenommen. Dann fuhren wir mit dem gleichen Gespann, mit dem wir gekommen waren, ins Lager zurück. Die Bäuerin gab mir einen Wecken Brot mit, auch Maroni, Obst und Kartoffeln durfte ich mir in einem Sackerl mitnehmen.

Ich war schon gespannt, was im Lager los sei und ob wir nicht bald heimfahren dürften. Als wir im Innenhof ankamen, ging es dort schon turbulent zu. Jeder hatte etwas Eßbares von seinem Arbeitsplatz mitgebracht, und gleich wurde gehandelt, getauscht und gekocht. Jeder prahlte mit seiner Ware. Am Morgen des nächsten Tages mußten wir alle vor den Gebäuden antreten. Der Tiroler Lagerleiter kam mit einem französischen Offizier und einem Zivilisten, um uns mitzuteilen, daß sich alle, die vor dem 12. März 1938 österreichische Staatsbürger waren, nicht der Nationalsozialistischen Deutschen Arbeiterpartei angehört hatten und nicht in der sowjetischen Besatzungszone[116] wohnten, für den Heimtransport vorbereiten sollten. Für die richtigen Angaben hafte jeder mit seiner Unterschrift. Sollte sich jemand die Heimreise durch unwahre Angaben erschwindeln wollen, würde er von Bregenz wieder in ein französisches Straflager zurückgeschickt werden.

Kurz darauf verließ die Hälfte der Gefangenen das Lager, wir von der „russischen Besatzungszone“ sahen der Marschkolonne nach, solange wir sie sehen konnten. Zwei Wochen lang war ich dann ohne Tätigkeit. Wir hatten zwar jetzt mehr Platz, aber das Essen war auch nicht allzuviel. Doch verwöhnt waren wir ja nicht! Endlich nahm mich dann wieder ein Bauer auf seinem Einspännerwagerl zur Arbeit mit. Er war in meinem Alter, sein Vater war bereits verstorben. So führte er mit seiner Mutter die Landwirtschaft. In dem Haus lebten noch seine drei Schwestern im Alter von 18, 19 und 22 Jahren. Außerdem hatten sie noch einen Taglöhner, den Marcel, der jedoch am Abend nachhause ging. Diese Familie war mir gleich sympathisch. Das Essen war nahrhaft und genug, alles war rein und nett in diesem Haus; kein Vergleich zu meinem früheren Bauern.

Bei der Arbeit war ich die meiste Zeit mit Marcel beisammen, der den ganzen Krieg in deutscher Gefangenschaft bei einem großen Bauern in Pommern verbracht hatte und dadurch ganz gut Deutsch konnte. Er war recht gut zu mir, weil es ihm in Deutschland auch nicht schlecht gegangen war. Nur auf die Mädchen war er sehr bedacht und drohte mir mit dem Aufhängen, wenn ich mit einer anbandeln sollte. Die Mädchen hingegen waren freundlich und nett zu mir, weil ich ihnen in Abwesenheit von Marcel schwere Arbeiten abnahm. Sie versorgten mich auch mit Zigaretten. Der Bauer wieder borgte mir einen Anzug, daß ich am Sonntag mit der ganzen Familie zur Kirche gehen konnte. Die alte Frau war wie eine Mutter zu mir, da fühlte ich mich gar nicht mehr so als Gefangener. Das tat mir wohl! Marcel fluchte gerne bei der Arbeit, und ich konnte ihn offensichtlich gut „nachspotten“, weil dabei immer alle lachten.

Ich hatte in dieser Zeit nur einen Wunsch, nämlich bis zur Heimfahrt bei diesen Menschen bleiben zu dürfen. Der Wunsch ging nicht in Erfüllung, weil mir vor Weihnachten die Achselhöhle anschwoll und ich nicht mehr arbeiten konnte. Am Tag vor dem Heiligen Abend mußte ich schon im Bett bleiben. Die Mutter und ihre Mädchen machten mir nasse Umschläge und schmierten mich ein, doch die Geschwulst wurde immer größer und die Schmerzen immer ärger. Am 24. Dezember 1945 kam dann der Arzt und schrieb mir gleich eine Einweisung in das Krankenhaus, wo ich operiert werden sollte.

Als es bereits dunkelte, kam ein Rotkreuzauto und brachte mich ins Spital. Hier waren in einem Saal nur deutsche Gefangene. Eine geistliche Schwester behandelte meine Achselhöhle, an den beiden Feiertagen mußte ich im Bett bleiben. Am Tag darauf wurde ich operiert und hatte anschließend wieder drei Tage strenge Bettruhe. Dann verbrachte ich die Zeit mit kleinen Arbeiten. Morgens ging ich gerne zur heiligen Messe, die in der Spitalskapelle gelesen wurde, was die geistlichen Schwestern gerne sahen. Ich hatte dabei das Gefühl der Zufriedenheit und Ausgeglichenheit; dadurch wurde auch die Hoffnung auf Heimkehr gestärkt.

Mitte Jänner 1946 kam ich dann in ein winterfestes Gefangenenlager am Rande von Vannes, in eine große Halle mit Stockbetten, Tischen, Sesseln und Öfen. Da blieben wir Österreicher bis zum Mai. Von hier wurden wir täglich irgendwohin zum Arbeiten geholt. Bei diesen Tätigkeiten außerhalb des Lagers trafen wir auch deutsche Gefangene, mit denen wir fallweise arbeiteten. Ich war wegen meiner Hand für schwere Arbeiten noch nicht recht geeignet, so mußte ich den französischen Soldaten Socken waschen und stopfen. Zu meinem 25. Geburtstag am 4. Februar 1946 schenkten mir die Soldaten sogar ein paar Gläser Wein ein, auch Schnaps bekam ich zu kosten. Der Alkohol stieg mir gleich in den Kopf. Fröhlich, gut gelaunt, ging ich dann in die Halle zurück. Meine Kameraden fragten mich gleich, woher ich den „Spitz“[117] hätte.

Unser ganzes Dasein hatte sich im Laufe der Zeit wesentlich gebessert, wir hatten keinen Hunger mehr zu leiden. Im März 1946 arbeitete ich mit einer großen Handwerkergruppe beim Aufstellen von Wellblechbaracken, im April war ich dann mit deutschen Gefangenen beim Güterwegausbau weit außerhalb des Lagers tätig.

Da schliefen wir auch in Wellblechbaracken. Die Verpflegung wurde uns mit Kraftfahrzeugen nachgebracht. Da die Wege den Bauern gehörten, versorgten sie uns mit Most. Vier bis fünf Liter trank fast jeder an einem Tag, nur ich hielt mich zurück, weil ich vom Most Sodbrennen bekam. Die Deutschen kannten diesen Obstmost wenig, tranken ihn aber gerne.

„Der Heimkehrer“

Eines Tages Anfang Mai wollte ich mich nach der Arbeit ein wenig auf mein Bett legen, als draußen einige Lkws vorfuhren. Kurz darauf kam unser österreichischer Lagerleiter mit französischen Soldaten herein und rief: „Alle Österreicher müssen sofort in das Hauptlager zurück, die Fahrzeuge stehen draußen bereit!“ Darauf einer von uns: „Nau, hiatz wirds leicht ernst midn Hoamfoahn?“ „Jo, so wos Ähnliches“, gab ihm der Lagerleiter zur Antwort. Schnell hatten wir „unsere sieben Zwetschken“[118] beisammen und stiegen auf die Wagen. Die Deutschen riefen uns noch nach: „Grüßt uns Österreich! Wir sehen uns wieder, wenn wir in euren schönen Bergen Urlaub machen!“

Im Hauptlager ging es schon lustig zu. Wir wurden ähnlich informiert wie beim letzten Mal. Wieder mußten die „eingeschriebenen Nationalsozialisten“ zurückbleiben, darunter mein Freund Edi Gall. Wieder wurde gesagt, daß es kein Schwindeln gäbe. Am dritten Tag marschierten wir zum Bahnhof. Als Marschverpflegung hatten wir ein Kilo Brot und amerikanische Dosen bekommen, in denen diesmal auch Fleisch war. Der lange Güterzug stand bereit, in einen Waggon mußten aber diesmal nur 50 Mann hinein. In den Wagen war Stroh, das wir zum Schlafen auseinanderbreiteten, die Türen konnten offen bleiben. Bald rollte dann der Zug in Richtung Heimat ab, durch Frankreich in die Schweiz.

In Basel standen wir dann gut eine Stunde auf dem Personenbahnhof. Da sahen wir nach langer Zeit wieder einmal gut gekleidete Menschen auf den Bahnsteigen. Diese Herrschaften beachteten uns nicht. Sie schauten erst dann auf uns, als wir die zwischen den Geleisen liegenden Zigarettenstummel – einer dem anderen neidisch – zusammenklaubten. Manche kamen sogar mit halben Zigaretten zurück. Zügig ging die Fahrt dann durch die Schweiz bis Bregenz und durch den Arlbergtunnel bis Imst in Tirol, wo wir um acht Uhr morgens ankamen.

Nachdem wir eine halbe Stunde gestanden waren, hieß es: „Alle aussteigen, der leere Zug fährt nach Frankreich zurück!“ Der österreichische Lagerleiter ließ die mehr als 1000 Mann antreten und teilte uns mit, daß wir von hier nach Nassereith in das Entlassungslager marschieren müßten. Dorthin waren es über zwölf Kilometer, die wir bei aller Hitze zurücklegten. Als Bewacher hatten wir nur zwei französische Soldaten. Wir waren sehr müde, als wir das Barackenlager erreichten. Bald darauf gab es für alle eine Suppe. Von dieser Stunde an mußte unser Heimatland Österreich für uns sorgen. Das Lager wurde von Tirol verwaltet. Ein stämmiger Tiroler in einem Trachtenhemd, einer Lederhose, mit weißen Stutzen und Halbschuhen rief uns nach dem Essen zusammen und sagte, daß wir noch ein paar Wochen bleiben müßten, bis die Österreichischen Staatsbahnen genügend Waggons für unseren Heimtransport hätten. Er warnte uns auch, nicht nach Nassereith zu gehen, wo die französische Besatzungsmacht lag. Wer dort gesehen würde, käme wieder nach Frankreich zurück. Wir sollten auch nicht versuchen, auf eigene Faust nach Ostösterreich zu kommen, dort seien nämlich die Russen, die jeden nach Sibirien schicken, den sie ohne Entlassungsschein antreffen. Einige von uns gingen aber trotzdem „stiften“.[119]

Mit der Zeit machte sich in dem Lager der Hunger wieder bemerkbar, weil das Essen auch hier nicht übermäßig viel war. Ich lag neben einem Kumpel, der gut Korbflechten konnte. Wir waren vormittags unterwegs, um neben dem Bach Weidenruten zu schneiden. Ich richtete ihm dann im Lager die Ruten zurecht, und er fertigte die Körbe an. Mit unseren Erzeugnissen gingen wir zu den Bauern und tauschten uns dafür Brot und Käse ein. Einmal bekamen wir sogar ein Stück Bauerngeselchtes, das war ein Leckerbissen!

Auch diese letzten Wochen gingen zu Ende und damit die ganze Gefangenschaft! Eines Tages marschierten wir wieder zum Bahnhof nach Imst. In Güterwaggons fuhren wir dann über Bischofshofen, Selztal und St. Michael in der Steiermark bis Wiener Neustadt. Hier war Endstation! In zerlumpten Kleidern, auf und auf voll Mist und Stroh, fuhren wir in fahrplanmäßigen Zügen nach Hütteldorf zur Heimkehrer-Leit- und Entlausungsstelle, wo man uns entlauste. Das war überflüssig, denn ich hatte während der ganzen Gefangenschaft keine Laus mehr gehabt. Die Läuse waren gleich nach der Gefangennahme durch die Amerikaner mit DDT[120] vernichtet worden.

Dann fuhr ich auf der Westbahn nach St. Pölten und mit der Mariazellerbahn nach Laubenbachmühle. Auf dem Nachhauseweg kam mir im Laubenbachgraben der Fischbacher aus Frankenfels[121] nach, weil er auf dem Schlagerboden zu tun hatte. Beim Kaiser[122] waren an diesem Tag – es war der 6. Juni 1946 – gerade mehrere Leute mit dem Dachstuhlaufsetzen beschäftigt, darunter auch der Mentil Hans[123]. Ich blieb bei ihnen stehen, während der Fischbacher weiterging und meinen Eltern sagte, daß ich heimkomme.

Genau auf der Stelle vor der Haustür, wo sie mir am 4. Februar 1941 beim Einrücken nachgeschaut hatten, erwarteten mich jetzt meine Eltern nach fünf Jahren, vier Monaten und vier Tagen, mich, den verwahrlosten, müden, aber glücklichen Heimkehrer, Heimkehrer von „einem großen Krieg“, der für viele meiner Jugendkameraden schon früher aus war. Die Namen auf den Gedenktafeln erinnern an sie, die in fremder Erde ruhen und keine so glückliche Heimkehr erleben durften!

Entlassungsbescheinigung

Personal-Angaben

Name HARREITER

Vorname JOSEF

Beruf SCHLOSSER

Wohnort HOLLENSTEIN KR SCHEIBBS NÖ

Zahl der minderjährigen Kinder /

Geburtsdatum (Tag, Monat, Jahr) 4.2.21

Geburtsort FRANKENFELS NÖ

Familienstand: Ledig / Verheiratet / Witwer / Geschieden (Nichtzutreffendes streichen)

Ich bestätige hiermit die oben erwähnten Angaben. Die „Entlassungsinstruktionen" sind mir bekannt.

Unterschrift des Inhabers

Ärztliches Attest

Verschiedene Zeichen

Untauglichkeit mit Beschreibung

Medizinische Kategorie

Soweit es mir bekannt ist, bestätige ich die obenerwähnten Angaben des Inhabers, daß er parasitfrei und an keiner ansteckenden Infektionskrankheit leidet.

Heimkehrerleit- u. Entlassungsstelle HÜTTELDORF

Entlaust am 12 Juni 1946

Unterschrift des Militärarztes (Name, Dienstgrad) Dr. Etschmann

Der Inhaber der obenerwähnten Angaben ist am 4. VI. 46 (Datum der Entlassung) entlassen worden.

von *) HEER

Stempel

Fingerabdruck rechter Daumen

Bestätigt durch CNE. BABOULIN (Name, Dienstgrad des Alliierten Offiziers, der mit der Entlassung betraut ist)

*) Heer, Marine, Luftwaffe, Volkssturm oder andere Organisationen sowie RAD, NSFK usw.

Sämtliche Angaben werden mit Blockschrift und Tinte oder Maschine geschrieben.

Tyroliadruck 3724

Abb. 23: Entlassungschein (Slg. Harreiter).

Abb. 24: Familie Harreiter (sitzend, v.l.n.r): Rupert, Hermine, die Eltern Josefa und Franz, Elfriede, Karl; 2. Reihe: Berta, Josef, Margarethe, Franz; 22.6.1947 (Slg. Harreiter).

Nachkriegszeit

Ab der Stunde Null

Während ich schon eine geraume Zeit in französischer Kriegsgefangenschaft verbracht hatte, erlebten die Menschen in meiner Heimat den totalen Zusammenbruch des „Dritten Reiches". Meine spätere Frau Leopoldine Kaiser[124] lebte damals zusammen mit ihrer Mutter – der Vater war 1941 gestorben – , ihrer Tante Antonia Rottenmanner und ihrer älteren Schwester Grete im Elternhaus an der Straße zwischen Frankenfels und Winterbach, Laubenbachgegend 4, Gem. Frankenfels. Von diesem Haus, dem Hollensteinhäusl, das im Volksmund auch „Schädlhütten-Kaiser"[125] genannt wird, zweigte damals ein schmaler, steiler und steiniger, nur von Ochsen- und Pferdefuhrwerken befahrener Weg ab, der durch den Wintereckwald auf den Schlagerboden führte.

Ein kleiner Volksempfänger auf der Stellage oberhalb der Speistüre informierte die Frauen über die Kriegsereignisse in den letzten Tagen. Sie mußten allerdings mit dem Einschalten dieses Gerätes sparsam umgehen, weil sie die letzte Batterie besaßen. Eine neue bekamen sie in dieser schwierigen Zeit nicht so schnell! Während sie eines Tages vor dem Volksempfänger saßen und die neuesten Ereignisse vernahmen, kamen die ersten Flüchtlinge aus dem fernen Banat mit einem Ochsengespann den Laubenbachgraben heraufgefahren. Diese Zugtiere hatten auffallend große Hörner.[126]

Grete, die Schwester meiner Frau, die während des Krieges bei der Firma Voith in St. Pölten gearbeitet hatte, war auch bereits aus der Stadt geflüchtet und blieb nun ständig zuhause. Schließlich war die Front am 17. April 1945 schon bis auf die Höhe von Gattmannsdorf und Schwadorf zwischen St. Pölten und Obergrafendorf vorgedrungen, wo sie dann bis zum Kriegsende stillstand. Beim Rückzug hatten SS-Truppen die Brücke der Mariazellerbahn über die Pielach in der Nähe von Völlerndorf gesprengt.[127]

Wie meine Frau erzählt, war alles Eßbare bei ihnen schon sehr knapp. Besonders Milch und Kartoffeln wurden ihnen von Flüchtlingen mit Kindern auf dem Arm abgebettelt. In der Nacht war das ganze Haus mit Fremden voll. Als dann zum Schluß schon Menschen aus dem Pielachtal und sogar von Frankenfels unter den Flüchtenden waren, überlegten sie, ob sie mitgehen oder dableiben sollten. „Zu den Amerikanern kommen wir ja doch nicht mehr!" waren ihre Gedanken, und Mutter und Tante wollten die Haustiere nicht allein lassen. Aus St. Pölten war Onkel Hebenstreit gekommen. Man war der Meinung, daß auch die Mädchen dableiben sollten und bei Gefahr durch ein Hinterfenster in den Hollensteinwald flüchten könnten. Schließlich hatte man schon von Vergewaltigungen durch die fremden Soldaten gehört. Johann Wurzenberger, vulgo Laubenbach-Hans, vom Schlagerboden sägte beim Speiskammerfenster die Gitterstäbe durch. So machte das Fenster den Anschein, als wäre alles in Ordnung, während das Gitter von innen mit einem Griff schnell entfernt werden konnte.

Bevor die russischen Soldaten kamen, trieb die SS noch Kolonnen total abgemagerter Gestalten in gestreifter Kleidung die Straße entlang in Richtung Erlauftal. Diese KZler – Häftlinge von Konzentrationslagern – wurden so streng bewacht, daß sich keiner einen Schluck Wasser aus dem neben der Straße rinnenden Laubenbach zu nehmen getraute.[128] Die Freundin meiner Frau, die Heindl Pepi vom benachbarten Klein-Wintereck[129], ging eines Tages im Laubenbachgraben in gehörigem Abstand hinter einer solchen Kolonne. Das Mädchen erschrak sehr, als es bei der damaligen Gschlößl-Kohlstatt einen erschossenen Mann liegen sah. Pepi machte um den Toten einen großen Bogen, ging dann schneller, bis sie das Ende des Zuges erreicht hatte und wurde am Waldrand bei der „Kaiser-Lucka" Zeugin einer weiteren Erschießung. Dann lief sie über die Wiese bis zum Schädlhütten-Kaiser voraus. Während sie das Erlebte den Kaiserfrauen erzählte, weinte sie bitterlich. Der

Gefangene war bei der Erschießung bereits vollkommen entstellt und hatte gar nicht mehr wie ein Mensch ausgesehen. Ein weiterer Erschossener lag etwas oberhalb.[130] Meine Frau begleitete ihre Freundin dann „die paar hundert Meter" bis heim.

Auf dem Rückweg begegnete ihr „der Hofstatter", ein etwa 50jähriger Bauer vom Schlagerboden. Er fing mit ihr zu schreien an und fuchtelte mit seinem Revolver herum, daß sie es mit der Angst zu tun bekam. „Wos, i hob ghert, daß es Kaiserweiba denan KZlern goa koa Wossa zan tringa gebm hobst, wauns oas valaungt haum?", rief er, sodaß meine Frau vorerst gar nicht zu Wort kam. Endlich konnte sie ihm dann doch zu verstehen geben, daß sie wegen der strengen Bewachung gar keine Möglichkeit hatten und er oben auf dem Schlagerboden gar keine Ahnung habe, was sich hier neben der Straße abspiele; er solle doch stehenbleiben und selbst versuchen, diesen Menschen zu helfen. Sie sagte ihm auch, daß wochenlang Flüchtlinge mit Kleinkindern und Säuglingen im Haus gewesen waren, denen sie alles gegeben hatten. Langsam beruhigte sich der Mann, steckte seine Waffe zu sich und ging den holperigen Weg auf den Schlagerboden hinauf.

Am 8. Mai 1945[131] zogen am Vormittag, sichtlich gereizt und nervös, die letzten SS-Einheiten durch, um sich in Richtung Westen abzusetzen. Bald danach kam „die Fahrngruberin" vom Schlagerboden mit schnellen Schritten den Laubenbachgraben herauf und erzählte beim Kaiser, daß beim Gabauer schon russische Soldaten und Panzer lagerten, vor denen sie keine Angst zu haben bräuchten. Sie wußte auch zu berichten, daß die SS im Laubenbachgraben einen Lkw mit Lebensmitteln zurückgelassen habe. „Kemmts, gemma olli schnö owi", meinte sie, „und hol ma uns wos, bevors de Russn kriagn!"

Dazu hatten sie aber keine Zeit mehr, weil währenddessen bereits die ersten russischen Panzer gefahren kamen. Vor der Haustüre stehend, empfingen die Leute die Panzer: Die Fahrngruberin, Onkel Hebenstreit, Johann Wurzenberger, Frau Kaiser, Tante Toni und die beiden Mädchen Grete und Poldi! Und tatsächlich, die zwei, drei Panzer fuhren vorbei und nahmen von dem „Spalier" beim Kaiser keine

Notiz. Etwa 250 m weiter, beim Klauserhäuschen, blieben sie dann stehen. Ein russischer Soldat ging den Verbindungsweg zum Heindl, möglicherweise hatten sie die zwei Mädchen Pepi und Fanny ohne Männer gesehen. Kurz darauf kam Fanny zum Kaiser heruntergelaufen. „Schnö", rief sie schon von weitem, „mia miassn weg, de Russn sand bei uns! Unsa Pepi haums schon dawischt!"

Sofort flüchteten meine Frau, ihre Schwester und Fanny Heindl in den Hollensteinwald. Kurz darauf sahen sie von einer Waldlichtung aus Pepi hinter dem Heindl-Stadl auch in Richtung Kaiser weglaufen. Bald darauf war sie bei ihnen. Sie war ganz verstört und fürchtete, der Russe werde ihre Mutter erschießen, weil sie ihm entkommen war. Da halfen auch tröstende Worte nicht viel. Pepi hatte sich recht tapfer verhalten. Wenn sie sich nicht hinlegen wolle, gab ihr der Russe zu verstehen, werde er sie erschießen. „Schiaß af mi, schiaß af mi, i leg mi ned hin!", erwiderte sie mit zitternder Stimme. Als dann der Soldat mit seinem Gewehr so vor ihr herumhantierte, lief sie blitzschnell weg, hinein ins Haus, in den Hof, durch Stall und Stadel und beim Hintertürl hinaus.

Die vier Mädchen gingen dann durch den Wald auf den Berg zum Bauernhof Wurzenberger, vulgo Wagner-Lois. Das hatte ihnen dessen Bruder Johann Wurzenberger geraten, als er beim Kaiser das Speiskammerfenster zum Flüchten vorbereitet hatte. Da hinauf würden bestimmt keine Russen kommen, meinte er und brachte den Mädchen auch Decken und etwas zu essen nach. Sie schliefen beim Wagner in der Scheune und hielten sich auch tagsüber dort auf. Fallweise konnten sie sich in der Küche bei Frau Wurzenberger etwas kochen, ihr Mann war in französischer Kriegsgefangenschaft. Wurzenberger Johann machte den Verbindungsmann zwischen den Mädchen und ihren Angehörigen zuhause. Von ihm erfuhr Pepi Heindl auch, daß ihrer Mutter nichts geschehen war. Erst jetzt konnte sie sich beruhigen. Frau Wurzenberger hatte einen sehr wachsamen, kleinen Hund, das beruhigte die Mädchen. Wochenlang blieben sie in dem Versteck, inzwischen waren auch die Nachbarmädchen vom Groß-Wintereck[132], die Resl und die Nandl, dorthin geflüchtet.

Abb. 25: Schädlhütten-Kaiser mit Blickrichtung Laubenbachgraben und Hollensteinwald (Bildmitte) im Jahre 1939. Das Haus war auch 1945 noch in diesem Bauzustand (Slg. Harreiter).

Eines Nachts fing der kleine Hund zu bellen an. Die sechs Mädchen erschraken und hatten vor, in den Wald zu flüchten. Währenddessen schlug das Bellen des Hundes in ein Winseln um. So wußten die Mädchen, daß jemand Bekannter gekommen war. Es war tatsächlich der 16jährige Sohn Alois Wurzenberger, der kurz vor Kriegsende noch hatte einrücken müssen. Währenddessen hatten sich Frau Kaiser und ihre 68jährige Schwägerin Antonia das stark riechende Stallgewand angezogen, den Zahnersatz herausgenommen, um vor Belästigungen durch die Besatzungssoldaten sicher zu sein. Nach etwa drei Wochen wagten die Mädchen doch wieder nachhause zu kommen, weil ihnen Johann Wurzenberger gesagt hatte, daß sich die Lage schon beruhigt hatte. Er riet ihnen aber, dennoch vorsichtig zu sein.

Gar nicht lange darauf klopfte es eines Nachts lautstark an der Haustüre. Alle vier Frauen wurden wach. „Das können nur Russen sein!" waren ihre Gedanken. Meine Frau und ihre Schwester konnten in der Eile von der bereitgelegten Kleidung nur eine Jacke erwischen. Dann kroch meine Frau als erste durch das Speiskammerfenster. Da rief schon eine Männerstimme: „Stoi - Halt!" Die Russen hatten nämlich herausbekommen, daß die meisten Häuser eine vordere und eine hintere Haustüre haben. So wartete einer auf der Hinterseite des Hauses. Meine Frau lief dennoch weiter, da fiel ein Schuß! Sie sah das Mündungsfeuer und hörte das Pfeifen der Kugel. Ihre Schwester getraute sich nun nicht mehr nachspringen und lief über die Stiege auf den Dachboden.

Es war Neumond und regnete, meine Frau flüchtete barfuß in den Laubenbachgraben hinunter. Der Soldat schoß ihr ein zweites Mal nach, traf sie aber nicht. Als sie in stockfinsterer Nacht über den Laubenbach sprang, verletzte sie sich an der Hand. Mit dieser Verletzung kletterte sie dann im Klein-Wintereckwald über eine steile, felsige Wand, was ihr bei Tag nie gelungen wäre. Der andere Russe war schon im Haus und mußte bemerkt haben, daß Grete auf den Dachboden geflüchtet war. Er befahl ihrer Mutter, eine Kerze anzuzünden und mit ihm auf den Dachboden zu gehen. Inzwischen betete die Toni-Tante in der Küche laut „einen Vaterunser nach dem anderen", weil sie der Meinung war, Poldi sei in der Dunkelheit erschossen worden und Grete würde jetzt das Opfer des zweiten Russen. Das Mädchen hatte großes Glück, weil der Russe zweimal ganz knapp an ihm vorbeigegangen war, aber wie durch ein Wunder ein jedes Mal auf der anderen Seite suchte. Auch die Mutter, die dem Russen leuchten mußte, sah vor Aufregung ihre Tochter nicht. Kurz darauf entfernten sich die zwei Russen.

Frau Kaiser und ihre Schwägerin standen kreidebleich in der Küche. Was ist mit Poldi und wo wird die Grete sein? Da hörten sie über die Dachbodenstiege Schritte herunterkommen. Es war Grete, ebenfalls ganz weiß im Gesicht. Poldi war in das benachbarte Klein-Wintereck, zur Familie Heindl, geflüchtet. Auch sie war um ihre Schwester besorgt. Frau Heindl ging dann nach vorsichtigen Bebobachtungen mit meiner Frau heim. Nun waren alle vier wieder glücklich vereint!

Von da an schliefen die beiden Mädchen im Heustadl. Poldis Verletzung wurde jedoch nicht gut, die Schmerzen immer ärger, sie mußte unbedingt zum Arzt. Mit der Bahn fuhr sie schließlich nach Mariazell, wo sich zu Kriegsende „der nächste Doktor" befand. Im Warteraum saßen großteils junge Frauen und Mädchen, die sehr verlegen wurden, wenn sie der Arzt gleich neben allen anderen ganz leger fragte, wann und wo es passiert sei.

Die Hand besserte sich dann im Laufe der Zeit, und Poldi konnte wieder arbeiten. Bei Tag waren die Mädchen auf dem Feld, welches auf beiden Seiten einen Wald hatte. Eines Tages kamen auf der Straße von Winterbach herunter russische Reiter. Beim Klauser[133] ritten sie gleich über das Feld zum Bauernhof Groß-Wintereck. Als die beiden Kaiser-Mädchen die Soldaten sahen, liefen sie schnell in den Wald. Kurz darauf hörten sie eines der Winterecksmädchen um Hilfe schreien. Das ging ihnen durch und durch, aber sie konnten nicht helfen. Dann war es plötzlich still, der Russe hatte ihr den Pistolenschaft in den Mund gesteckt. Die Eltern der Mädchen hatten sie während der Vergewaltigung im Keller eingesperrt. Ihre Schwester konnte noch rechtzeitig weg und zum Kaiser laufen, wo sie bat, Frau

Abb. 26: Die vier „Kaiser-Frauen“ (v.l.n.r.): Poldi, Mutter Josefa, Tante Antonia Rottenmanner, Grete (Slg. Harreiter).

Kaiser möge doch hinaufkommen und helfen. Doch in solchen Fällen waren Frauen hilflos.[134]

So vergingen Tage und Wochen. Wie lange werden die Mädchen und jungen Frauen noch Freiwild sein? Es ging das Gerücht, die Besatzer würden ein ganzes Jahr bleiben. Nach einer Zeit wurden beim Kaiser ein Kapitan, also ein Hauptmann, eine Frau in Uniform und Soldaten – darunter ein Mongole – einquartiert. Die Mädchen waren rechtzeitig geflüchtet. Der Kapitan fand jedoch heraus, daß Mädchen im Haus seien und versicherte, sie sollten kommen, es passiere ihnen nichts. Am späten Nachmittag machte sich Josefa Kaiser auf die Suche nach ihren Töchtern. Ängstlich und verschreckt gingen sie zwar mit nachhause, schliefen aber dann doch nicht daheim. Sie hätten auch keinen Platz gehabt, weil das größere Zimmer von den Russen belegt war und in dem kleineren die Mutter und Tante schliefen. Einer wollte gleich am ersten Abend zur Tante Toni ins Bett. Als sie recht schrie, kamen ihr ihre Schwägerin und der Kapitan zu Hilfe. Ein anderer wollte unbedingt Grete sprechen. „Das geht nicht", meinte ihre Mutter, „die Mädchen sind wieder weg, wohin, das weiß ich nicht!" Die beiden übernachteten in dieser Zeit auf einem Hüttenboden des Hofes Groß-Wintereck.

Am nächsten Tag schlachtete der Mongole, der seinen Unterarm bis zum Ellbogen mit gestohlenen Armbanduhren „bepflastert" hatte, ein Schwein. Der Soldat prahlte auch mit mehreren Taschenuhren. Möglicherweise war die Uhr des alten Hofegger aus dem Sautal[135] dabei. Ihm war um diese Zeit ein Russe begegnet und hatte gefragt: „Skolka tschas – Wie spät ist es?" Der Hofegger-Vater, hilfsbereit wie immer, griff nach der Kette, an der die Uhr am Gilet befestigt war. Als er sie aus der Tasche zog, begann der Russe gleich „mit dem Abmontieren". „Herr Ruß", klagte Hofegger, „stü ma de Uhr ned, de geht eh oiwei foisch, de is eh nix wert, und van Aunfaung aun is scho a poamoi hingwesn!" Aber der Soldat kannte kein Erbarmen und nahm ihm die Uhr weg.

Von dem geschlachteten Schwein mußten alle essen. Die Mädchen aßen nur mageres Fleisch. Eine Cousine aus Wien aber, die an diesem Tag auf Besuch und recht ausgehungert war, aß auch fettes Fleisch und davon nicht wenig. Ihr war dann in der Nacht recht schlecht, sodaß alle glaubten, sie müsse sterben. Die Mädchen waren froh, daß der Kapitan bei ihnen wohnte, so konnten sie tagsüber doch den Arbeiten in Haus und Feld nachgehen, im Haus essen und sich einigermaßen pflegen. Sie fühlten sich auch einigermaßen geschützt, weil an der Haustüre ein Zettel klebte, der andere Russen fernhielt. Nach einigen Tagen fanden alle diese Kerle gar nicht so übel, die Frauen meinten, sie seien eine Ausnahme und vertrauten ihnen.

Eines Tages wollten sie der Hausfrau Eier abkaufen. Frau Kaiser sagte, sie habe kein einziges. Daraufhin sind zwei auf den Schlagerboden gegangen. Wie man später erfuhr, gingen sie mit dem Eiergeld in der Hand bei einem benachbarten Bauern in die Stube, wo die Hausleute gerade beim Mittagessen beisammensaßen. Als die Russen die zwei Töchter des Hauses sahen, wurden sie aggressiv. Das eine Mädchen konnte entkommen und sich in der Küche im Rauchfang verstecken, das andere zerrten sie in die Kammer und vergewaltigten es. Als die beiden Russen zum Kaiser zurückkamen, ließ der Kapitan hastig packen. Schnell fuhren sie weg. Die Kaiserfrauen waren sehr enttäuscht, weil ihnen so viel gestohlen worden war, hauptsächlich Bettwäsche und Kleider. Auch die leere Batterie des Volksempfängers war weg.

Schließlich waren beim Kaiser die Hausleute wieder weniger geworden. Der Hebenstreit-Onkel aus St. Pölten, Johann Wurzenberger und die Cousine aus Wien waren schon längere Zeit zu ihren Leuten heimgekehrt. Grete arbeitete wieder bei der Firma Voith in St. Pölten. Den Zettel an der Haustüre hatte man nicht entfernt. Er war von großem Wert, denn russische Soldaten suchten nach dem Lesen eiligst das Weite.

Trotz der Angst vor einer ungewissen Zukunft, der Angst vor den Besatzern und dem „Gespenst Menschenraub"[136], normalisierte sich schön langsam der

Lebensrhythmus. Auf den Feldern arbeiteten Frauen und alte Menschen, Kinder und vereinzelt die aus dem Krieg heimgekehrten Väter und Söhne genauso wie vor Jahrzehnten, nämlich händisch und mit Zugtieren. Der Anbau von Roggen, Hafer und Kartoffeln war in dieser Zeit besonders wichtig und die gegenseitige Hilfsbereitschaft groß. Es gab kaum Haß und Neid, weil jeder das gleiche hatte. Die Menschen waren sehr genügsam. Sie trachteten, daß sie ein bißchen etwas zum Essen erwirtschaften konnten und mit der Besatzungsmacht, den „Befreiern", halbwegs auskamen. Sie wünschten sich, daß die Gewalttaten ein Ende nehmen sollten und endlich wirklich Friede einkehren könne. Wenn es auch noch an allem mangelte, galt dennoch der Wille, zu arbeiten und aus der Vergangenheit zu lernen, Entbehrungen auf sich zu nehmen, mit dem Übel des Besetztseins zu leben und an ein freies und demokratisches Österreich zu glauben. Bald funktionierte die Kommunalpolitik in den Gemeinden so halbwegs, und die Instandsetzungsarbeiten an Wegen und Gebäuden machten Fortschritte.

Im Fasching 1946 kam das Gesellschaftsleben so richtig in Schwung. Die jungen Menschen hatten Hunger nach Unterhaltung und Tanz. Auf den Plakatwänden war die Hetzpropaganda, wie „Jud Süß", „Kohlenklau" oder „Alles für den Endsieg" den Einladungen zu Unterhaltungsveranstaltungen gewichen. Bei den „Tanzereien" war es immer sehr lustig, wenngleich die Räumlichkeiten und die Musik nicht alle Wünsche erfüllten. Auch das Fehlen des leiblichen Wohles störte keinen. Der erste Ball meiner Frau war der Bauernball am Faschingmontag 1946 im Gasthaus Schafhuber in Frankenfels.[137] Da gab es sogar auf einem Bon zur Eintrittskarte pro Person ein Viertel Wein und ein paar Frankfurter mit Semmel, das alles ohne Lebensmittelmarken! Das Viertel Wein hatten die meisten schnell ausgetrunken, gleich entstand eine Mordsstimmung, die bis in den frühen Morgen dauerte. Zum weiteren Durstlöschen stand im Hof ein Ziehbrunnen, an dem besonders nach einem Tanz gepumpt und die leeren Weingläser mit Wasser gefüllt wurden. Die Jungen ließen keine Gelegenheit zum Tanzen aus. Zudem wurde die Versorgung immer besser. Das gab den Menschen das Gefühl, daß auch die russische Besatzung bald ein Ende finden werde.

Nachdem ich, wie schon erwähnt, im Juni 1946 aus französischer Kriegsgefangenheit heimgekehrt war, konnte ich ab 1. Juli dieses Jahres mit meinem Vater nach Winterbach zum Bundesbahnoberbau arbeiten gehen. Ich war mit meinen fünfundzwanzigeinhalb Jahren in dieser Partie der jüngste Arbeiter. Aufgenommen wurde ich als Verstärkungsarbeiter, nachdem ich vom Bahnarzt in St. Pölten untersucht worden war. Wäre ich Mitglied er NSDAP gewesen, hätte man mich nicht genommen. Verstärkungssarbeiter bedeutete, daß ich jeweils im Herbst „abgebaut" und erst im Frühling wieder aufgenommen werden sollte.

Das machte mir nichts aus, weil ich nun am Leben wieder so richtig Freude fand. Es war Hochsommer und Frieden! Ich konnte mein künftiges Leben als freier und unabhängiger Mensch selbst gestalten und bestimmen. Wenn ich auch außer ein paar alten Kleidungsstücken nichts hatte, fühlte ich mich dennoch glücklich, wieder in der Heimat leben zu dürfen, dort wo ich aufgewachsen war und alle Leute kannte. Meiner Mutter verdanke ich es, daß ich beim Arbeiten auf dem Oberbau und zum Tanzengehen am Wochenende etwas zum Anziehen hatte. Sie hatte nämlich meine alte Arbeitskleidung und den ersten Anzug in dem kleinen, fensterlosen Keller unter ihrer Küche versteckt. Dort hatte sie auch sonst noch allerhand gelagert. Über das Kellertürl auf dem Fußboden legte sie eine alte Decke. Dieses Versteck fand kein Besatzungssoldat!

Mein schönes Rad nahmen sie allerdings mit, die Russen. Ich hatte vor dem Einrücken die Reifen abmontiert, es schön geputzt und auf zwei Haken in der Holzhütte gehängt. Der Vater wehrte sich und wollte es ihnen nicht lassen. Als sie ihm aber den Revolver an die Brust setzten, hielt ihn Mutter zurück und schrie: „Loß eahna des Radl, sa loß eahna des Radl!" Dann hängte sich einer der beiden die Schläuche um den Hals, setzte sich auf das Rad und fuhr auf den Felgen den steinigen Hohlweg hinunter.

Damit sich meine Eltern in dem kleinen Holzhäuschen nicht schmälern mußten, stellte ich mir mein Bett in der Holzhütte auf und dachte: „Im Sommer wird

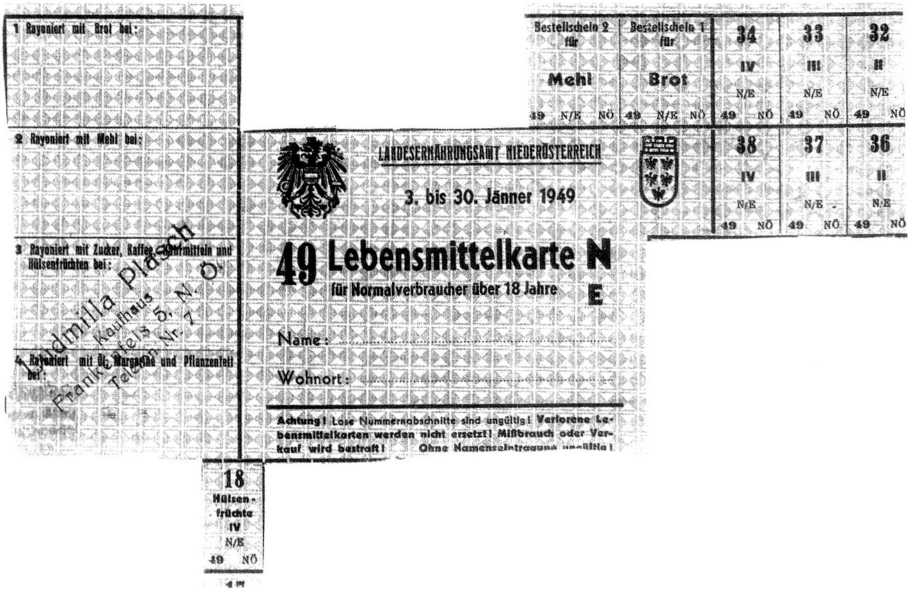

Abb. 27: Lebensmittelkarte (Slg. Bergbauernmuseum Hausstein, Frankenfels).

es schon gehen, und wer weiß, was bis zum Winter ist!" In der ersten Zeit lebte ich von den 150 Schilling, die jeder Heimkehrer bekommen hatte. In meiner freien Zeit half ich bei der Heuernte. Gleich Anfang Juli ging ich „in die Untergruben", zu dem Bauern, bei dem ich einst über fünf Jahre Knecht gewesen war. Morgens ging ich vor der Arbeit mit dem Bauern mähen, abends war das Heu abzuladen. Dafür bekam ich das Frühstück und das Abendessen. „In die Arbeit" gab mir die Bäuerin Brot, Fleisch und Most mit.

Ich ging allerdings nur eine Woche „in die Untergruben", weil ich von dort nach Winterbach mehr als eine Stunde zu gehen hatte und mich die alten Klauserleute, bei denen einmal eine meiner Schwestern gewesen war, angesprochen hatten, ob ich ihnen für ihre zwei Kühe das Futter mähen könnte. Hier bekam ich das gleiche wie beim „Gruam-Floan", konnte auch bei ihnen übernachten und war näher bei meinem Arbeitsplatz. Wenn ich bis neun oder zehn Uhr am Abend mit der Sense mähte, war ich oft sehr müde. Meine Mutter war über mein Arbeiten in der Freizeit recht froh, weil ihr so der größte Teil meiner Lebensmittelkarte blieb. Obwohl ich die Schwerarbeiterkarte hatte, war allerdings auch nicht allzuviel drauf. So verging der ganze Juli. Am 10. August 1946 bekam ich bei der Eisenbahn die erste Auszahlung, etwa 150 Schilling.

Es war oft recht romantisch ...

Eines Abends im Spätsommer gingen Vater und ich von der Bahnarbeit heim. Als wir zum Schädlhütten-Kaiser kamen, begegnete uns auf der Straße Frau Kaiser. Sie bat uns, ins Haus mitzugehen, weil bei ihnen in der Küche schon eine Zeitlang vier Russen saßen, die nicht „zum Weiterbringen" waren. „Mia haum schon so a Aungst", sagte sie, „daß mit da Poldi wos in Sinn haumd!" Wir berieten mitten auf der Straße, was da zu machen sei. Dann gingen wir mit Frau Kaiser ins Haus und taten so, als wären wir die Männer von Frau und Tochter. Wir redeten auf die Soldaten ein, indem wir von russischen Offizieren und der Kommandantur138 erzählten. Plötzlich erhoben sich alle vier, marschierten im Gänsemarsch hinaus und waren weg. Da atmeten die drei Frauen auf. Bei dieser Gelegenheit fragte mich Frau Kaiser, ob ich der Poldi nach der Arbeit das Grummet[139] mähen helfen möchte.

Ich war gleich einverstanden, weil ich ohnehin in der unmittelbaren Nachbarschaft wohnte. Es ist auch verständlich, daß man dort lieber mäht, wo ein junges Mädchen zuhause ist, als bei alten Leuten. Unsere Beziehungen zueinander waren ab diesem Zeitpunkt recht gut. Wir gingen dann bald zusammen auf Tanzunterhaltungen und gemeinsam wandern. Jeden Tag freute ich mich schon auf das Mähengehen nach der Arbeit, sodaß ich von dort immer auf dem kürzesten Weg zum Kaiser ging. Natürlich wollte ich einen guten Eindruck machen, und so mähte ich von der Straße herunten bis zum Hollensteinhag hinauf und wieder herunter, ohne zu wetzen. Wenn Poldi mitmähte, ließ ich mir Zeit, damit sie folgen konnte. Natürlich wetzte ich auch ihre Sense, sodaß sie immer eine „gute Schneid" hatte. Das kräftige Essen, das ich nach der Arbeit von ihrer Mutter bekam, tat meinem Magen, der von der Gefangenschaft noch nicht ganz erholt war, recht gut. Das Allerliebste aber war mir, wenn Poldi nach getaner Arbeit ein Stück mit mir nachhause ging.

Es war oft recht romantisch an den lauen Spätsommerabenden, wenn der Föhn die Wolken vor dem Mond trieb und dieser aussah, als müßte er recht laufen und dabei doch nicht von der Stelle kam. Wenn auch die Mutter nur ein paar Minuten erlaubte, dauerte das Verabschieden bisweilen etwas länger. Einmal verging halt mehr als eine Stunde, können auch zwei gewesen sein, denn die Zeit vergeht bei der Liebe furchtbar schnell. Kurz vor dem ersten Höhepunkt unseres Beisammenseins in freier, mild duftender Natur, nicht weit vom Haus entfernt, hörten wir die Mutter rufen: „Poldi, geh dou amoi eina!" Aber gerade in diesem Augenblick konnte uns nichts stören. Gleich darauf richtete Poldi bei ihr alles ein wenig zurecht und verschwand im Haus. Ich ging durch den Wintereckwald heim, legte mich mit zufriedenen Gefühlen in mein Bett in der Holzhütte und schlief sofort ein.

Am nächsten Tag gingen mein Vater und ich wieder zur Arbeit, wie jeden Tag den steinigen Waldweg hinunter zum Kaiser und dann steil hinauf durch den Heindlwald nach Winterbach. Am Vormittag regulierte unsere Partie bei km 58.2 zwischen Winterbach und Puchenstuben das Geleise. Während dieser Arbeit kam Herr Stockreiter, der Bahnmeister von Gösing, mit seiner Tretdraisine[140] gefahren und fragte mich, ob ich bei Ausbesserungsarbeiten an Brücken, Tunnels und Mauern der Firma John Bauaufsicht machen wolle. Er brauche dazu jemanden, der halbwegs schreiben, zeichnen und rechnen könne. Ich solle in Gösing eine Prüfung machen, wenn ich entspräche, könnte ich über den Winter durcharbeiten. Ich fuhr nach Gösing und habe entsprochen! Jetzt war ich glücklich, ich hatte eine ständige Arbeit und ein winterfestes Zuhause, denn am 16. November 1946 heiratete ich Poldi Kaiser!

Es war ein Samstag, ein trockener Herbsttag, an dem es nicht so richtig hell werden wollte, weil die dicke Nebeldecke tief herunterhing. Die standesamtliche Trauung war für neun Uhr im ehemaligen Gasthaus Schweighofer, Markt 10 in Frankenfels, die kirchliche um zehn Uhr festgesetzt. Damit die Hochzeiter, etwa 20 Personen, die sechs Kilometer vom Schädlhütten-Kaiser bis Frankenfels und zurück nicht zu Fuß gehen mußten, stellte der Fahrngruber, Bauer auf dem Schlagerboden, Pferd und Leiterwagen zur Verfügung. Der Wagen war „schön aufgeputzt", auf einem blumengeschmückten Bogen befand sich ein Transparent mit der Aufschrift

„Hoch das Brautpaar". Auch auf dem Pferdegeschirr steckten ein paar Sträußchen. Außerdem war vorne ein Brett befestigt, auf dem der Kutscher und das Brautpaar saßen. Die anderen Gäste hatten auf Bänken Platz genommen, die entlang der Leitern aufgestellt waren.

Meine Braut schämte sich bei diesem Fahren auf dem Heuleiterwagen ein bißchen, das erzählte sie mir aber erst viel später. Sie war nämlich mit den Mädchen und jungen Frauen des Frankenfelser Ortsgebietes, des Marktes, befreundet.[141] Die hätten uns nicht sehen sollen, als wir auf dieser „Hochzeitskarosse" beim Standesamt vorfuhren. Als uns aber dann Elsa, die Frau des Gemeindearztes Dr. Empacher, vom Fenster aus gratulierend zuwinkte, war meiner Braut leichter. Nun konnte sie alles „Gaffen" gelassener ertragen.[142] Mir hat das nichts ausgemacht, immerhin war ich an diesem Tag schöner gekleidet als damals als Gefangener bei der Ankunft in Wiener Neustadt. Ich hatte mir zur Hochzeit einen neuen Anzug geleistet. Meinen Perllodenrock gab ich der Untergrubenbäuerin, wofür ich Schafwolle bekam, die ich dann in Langenwang in der Steiermark gegen Stoff für einen Anzug tauschte. Der Rabensteiner Schneidermeister Bauda, ein Bruder meines Onkels, fertigte dann den Anzug an. Der Lohn bestand in Selchfleisch von meiner Freizeitarbeit und in Wurst von meiner Schwerarbeiterkarte. Meine Braut trug auch ein neues Kostüm bei der Hochzeit, sie trug aber auch werdendes Leben unter ihrem Herzen! Unsere Tochter Renate kam dann am 6. Juni 1947 zur Welt.

Im alten Schweighofer-Gasthaus war ein Raum als Standesamt eingerichtet. Der Standesbeamte Vizebürgermeister Franz Winter, vulgo Hofstatt-Karner[143] aus Boding verstand seine Aufgabe und war mit einem dunklen Anzug für die damalige Zeit gut gekleidet. In der Kirche waren wir eines der ersten Brautpaare, die der neue Pfarrer Josef Stangl traute. Er fuhr auch nach der Trauung mit uns zur Schädlhütte mit. Vom Gasthaus Gabauer gingen wir durch den Laubenbachgraben zu Fuß, damit das Pferd nicht so schwer zu ziehen hatte.

Meine Eltern hatten zu diesem Anlaß ein Kalb „schwarz" geschlachtet, damit es bei unserer Hochzeit einen guten Kalbsbraten gab, den Sophie, die Schwester meiner Schwiegermutter, und Schwägerin Antonia inzwischen zubereitet hatten. Nach dem Essen spielte der 15jährige Toni Niederer[144] aus dem Höllgraben mit seiner Harmonika zum Tanz auf. Zum Tanzen kamen dann auch junge Leute aus der Nachbarschaft. Obwohl der Platz klein war, war es recht lustig, sodaß auch der Herr Pfarrer den letzten Zug nach Frankenfels ohne ihn fahren ließ. Er borgte sich dann zum Heimfahren das Rad meiner Frau. Den Rest der Nacht konnte man nicht so richtig als „Brautnacht" bezeichnen, weil die Verwandten meiner Frau aus Schwarzenbach, St. Pölten und Wien alle in dem kleinen „Schädlhütten-Kaiser-Häusl" untergebracht werden mußten.

Am Montag darauf ging ich von meinem neuen Heim in die Arbeit. In der Nacht hatte es das erste Mal ein wenig geschneit. Allgemein wurde damals auf dem Oberbau bis Samstagmittag gearbeitet. Da aber die Firma John am Samstag nicht arbeitete, hatte auch ich frei. Mit einem Kollegen vom Bahnhof fuhr ich am Wochenende einige Male mit getrockneten Tabakblättern aus eigener Ernte, dem sogenannten „Eigenbau", nach Tirol. Dort tauschten wir bei den Bergbauern den Tabak gegen Käse. Bei diesen Fahrten brauchte ich beinahe meine Lebensmittelmarken für eine Woche.

Tabak angebaut haben damals alle, die ein Stück Eigen- oder Pachtgrund zur Verfügung hatten. Von den Arbeitern hätte immer ein jeder den besten und stärksten Tabak haben wollen, den stärksten hatte meistens der Brandl Sepp von Oberbuchberg. Drehte man sich aus diesem Tabak eine Zigarette, blieb einem beim ersten Zug die Luft weg. Wie Brandl diesen starken Tabak herstellen konnte, verriet er nicht, das blieb sein Geheimnis! Den besten Tabak gaben jene Blätter her, die lange in der Luft getrocknet wurden. Trocknete man die grünen Blätter auf der Herdplatte, wurde der Tabak nicht gut.

Die Arbeitsverhältnisse beim Oberbau hatten sich damals im Vergleich zu den dreißiger Jahren weit gebessert. Für die Arbeiter wurden Unterkunftshütten aufgestellt, sodaß alle in der Mittagspause im Warmen sitzen konnten. Ein meist älterer

Abb. 28: Oberbauarbeiter mit Bahnrichter Franz Kaiser (ganz rechts); 1931 (Slg. Harreiter).

Kamerad sammelte gegen elf Uhr das Geschirr mit dem Essen seiner Kollegen ein, ging dann einheizen und wärmte alles. Es war das Verdienst der Eisenbahnergewerkschaft, daß das „gefrorene Essen“ nicht mehr neben einer Schneewand stehend geschluckt werden mußte. Auch jungen Arbeitern, die nur eine Volksschulausbildung hatten, wurden Aufstiegschancen gegeben. Der „Klassenkampf“ zwischen Angestellten und Verstärkungsarbeitern verschwand völlig, weil es ab den fünfziger Jahren keine Verstärkungsarbeiter mehr gab, das heißt, daß alle angestellt wurden. Ein Lokführer aus Spratzern spielte immer mit seiner Steirischen Harmonika auf, wenn die Oberbauarbeiter auf seinen Arbeitszug das Erdmaterial aus dem Bahngraben aufluden. Überhaupt ging es oft recht humorvoll zu, gearbeitet wurde aber trotzdem fleißig. Das Miteinanderfeiern verschiedener Anlässe bürgerte sich um diese Zeit mehr und mehr ein.

Ich hatte mit meiner Beschäftigung als Bauaufsicht so eine Freude, daß ich auch samstags oft mit meiner Frau zur Baustelle ging und nachsah, ob noch alles in Ordnung sei. In der Freizeit schrieb, rechnete und zeichnete ich gerne Skizzen über gemauerte Kubaturen und sonstige Arbeiten. Mit dem Polier der Firma John, dem Mentil Hans aus Frankenfels, verstand ich mich gut und der junge Techniker Dipl.-Ing. Panosch von der Streckenleitung St. Pölten schulte mich laufend. Er übermittelte mir wie der Bahnmeister Weisungen und brachte mir Instruktionen. Wenn die beiden mit meiner Tätigkeit zufrieden waren und lobende Worte fanden, war ich mit meiner Arbeit recht glücklich. Es war meine schönste Eisenbahnerdienstzeit, bis ich dann selbst Vorgesetzter wurde und Verantwortung übernahm.

Da die Beschäftigung als Bauaufsicht kein Planposten war, entschied ich mich, weiterführende Schulungen und Prüfungen zu machen. Mehr als zehn Jahre besuchte ich Internats- und Abendkurse. Ab 4. Februar 1951 war ich Bahnrichter in Kirchberg. Ein großer Tag war für mich im September 1957, als ich die Prüfung für Bahnmeister mit gutem Erfolg bestanden hatte.

Freilich hieß es jetzt übersiedeln, denn mein erster Bahnmeisterposten war Oberloisdorf im Burgenland. Hier trat ich meinen Dienst am 6. November 1957 an,

Abb. 29: Josef Harreiter als Oberrevident der Österreichischen Bundesbahnen im Jahre 1971 (Foto Penz).

meine Frau und Tochter Renate kamen acht Monate später nach. Ab 1960 waren wir in Gramatneusiedl ansässig, wo ich den Bahnmeisterposten seit 1959 innehatte. Am 19. Oktober 1960 wurde unser Sohn Herfried geboren. Von 1967 bis 1970 war ich Bauzugführer. 1968 bezogen wir unser selbst erbautes Eigenheim auf dem Eisberg in St. Pölten. Ab 1970 versah ich meinen Dienst als Bahnmeister auf dem Alpenbahnhof in St. Pölten; seit 1. Jänner 1975 bin ich in Pension. In meiner Freizeit beschäftige ich mich mit Minigolf, Radfahren[145] und seit 1986 mit dem Festhalten meiner Lebenserinnerungen.

Meine Eltern hatten wir im Mai 1970 nach St. Pölten genommen, der Vater starb 1973 im 88. Lebensjahr, die Mutter 1977 83jährig. Von meinen Geschwistern leben nur mehr Hermine, Margarethe und Elfriede. In meiner Heimat, auf und um den Schlagerboden, hat sich auch alles verändert. Die bäuerliche Arbeitsweise, wie ich sie in meiner Kindheit und Jugend kennengelernt hatte, gehört der Vergangenheit an. In den sechziger Jahren wurde der Getreidebau zugunsten der Grünlandwirtschaft aufgegeben, Maschinen erleichtern die Arbeit. Wie ich haben viele meiner Generation ihre Jugend als Knecht oder Magd verbracht, heute beschränken sich die Arbeitskräfte auf dem Bauernhof auf die Familie, wobei der Mann in vielen Fällen einem Nebenerwerb nachgehen muß. Allerdings hat auch im Bauernstand wie in allen anderen Bevölkerungsschichten der Wohlstand in den Jahrzehnten nach dem Zweiten Weltkrieg zugenommen, und alle wünschen sich, daß es so bleiben möge.[146]

Unsere Kinder sind beide verheiratet. Die Tochter arbeitet als Chefsekretärin bei einem Verlag, der Sohn ist Diplomingenieur. Wir erfreuen uns der vier Enkelkinder und des Urenkerls. Mit meiner Frau, die ich sehr schätze, wünsche ich mir, noch viele Jahr gemeinsam in Gesundheit leben zu können. Für unsere Nachkommen hoffe ich, daß sie ihr Leben in Freiheit verbringen dürfen. Für sie sind diese Zeilen in besonderer Weise geschrieben, „damit es nicht verlorengeht ...“[147]

Abb. 30: Josef und Leopoldine Harreiter bei ihrer Silberhochzeit mit (v.l.n.r.) Schwiegersohn Hermann, Tochter Renate, Sohn Herfried und den Enkelkindern Uschi und Martin; 13.11.1971 (Foto Penz).

Anmerkungen

1 Franz Harreiter, * 14.1.1886 in Ybbsitz, † 24.9.1973 in St. Pölten.

2 Bernhard Gamsjäger und Ernst Langthaler, Hg., Das Frankenfelser Buch, Frankenfels 1997, S. 197ff.

3 Diese kleinen Pferdewagen sind in der Gegend durch Abhandlungsprotokolle der Herrschaft Weißenburg bereits in der Biedermeierzeit belegt. Sie wurden von den wohlhabenden Bauern und Bürgern des Streusiedelgebietes bis in die Zwischenkriegszeit zum „Kirchenfahren" und von Ärzten für Visiten benützt (vgl. Bernhard Gamsjäger und Ernst Langthaler, wie Anm. 2, S. 164, 168; Olaf Bockhorn, Die Fahrzeuge im Mühlviertel, phil. Diss., Wien 1971, S. 187). Frau Dr. Monica Kurzel-Runtscheiner, Sammlung historischer Prunk- und Gebrauchswagen des Kunsthistorischen Museums in Wien, verdanke ich folgende Beschreibung des „aus einem waldreichen Gebirgslande" – gemeint ist wohl die Steiermark – stammenden Steirerwagens: „Leichter vierrädriger Wagen, ... allerdings ohne Verdeck, auf welchem ... vier Passagiere alle nach vorwärts oder auch einander gegenüber sitzen können" (Robert Sallmann, Kutschenlexikon, Frauenfeld 1994, nach: C. G. Wrangel, Das Luxus-Fuhrwerk. Ein Handbuch für Equipagenbesitzer, Stuttgart 1898, S. 112, Fig. 78). Nach einer freundlichen Mitteilung von Dr. Werner Bauer, Institut für Österreichische Dialekt- und Namenlexika der Österreichischen Akademie der Wissenschaften, leitet sich das Wort „Steirerwagen" von „Steiermark" oder der Stadt „Steyr" ab (Brief vom 31.8.1998).

4 Der Stellwagen war im Wien des 18. und 19. Jhdts. ein von zwei Pferden gezogenes Gefährt mit einem Kutschbock und einem überdachten kastenartigen Aufsatz, in dem 6 bis 9 Personen Platz fanden. Sie fuhren gewisse Plätze innerhalb der Stadt an, aber auch in die umliegenden Orte außerhalb Wiens bzw. von Ort zu Ort. Am 13. Juli 1730 fuhr der erste Stellwagen von Wien über Graz, Laibach, Görz nach Triest oder Fiume. Die Stellwägen auf dem Lande waren wohl Leiterwägen mit über die Seiten gelegten Sitzbrettern (vgl. auch Ignaz Franz Castelli, Wiener Lebensbilder, in: I. F. Castelli's

sämmtliche Werke, 10. Bd., Wien 1844, S. 242; Jakob und Wilhelm Grimm, Deutsches Wörterbuch, dtv-Nachdruck der Erstausgabe 1854-1971, München 1984, Bd. 18, Sp. 2276; Bartel F. Sinhuber, Die Fiaker von Wien, Wien 1992, S. 28, 30ff.).

[5] Josefa Wieland, * 12.2.1895 in Türnitz, seit 14.9.1920 verh. Harreiter, † 21.11.1977 in St. Pölten.

[6] Bauernhof Berg, Bergrotte 4.

[7] Bernhard Gamsjäger, Frankenfelser Häuserbuch, Frankenfels 1987, S. 414ff., Abb. 251 (vulgo Pernahäusl, Übergangrotte 14).

[8] Unter „Schlagerboden“ versteht man die Hochfläche zwischen Winterbach und Plankenstein. Die hier lebenden Menschen sind weitum als sehr gesellig und feierfreudig bekannt, die Burschen waren früher auf Kirtagen und Faschingsveranstaltungen wegen ihrer „Rauflust“ gefürchtet (St. Pöltner Zeitung, 3.10.1889, S. 5). Die Lunzer Heimatforscherin und Schriftstellerin Elisabeth Kraus-Kassegg (1898-1989) schreibt: „‘Er ist halt vom Schlagerboden’, heißt es von den ‘grobgescheitelten’ Männern, wenn sie manchmal im Wirtshaus sitzen und recht derb daherreden.“ (Andreas Töpper vom Nagelschmied zum Großindustriellen, biographischer Roman, St. Pölten 1979, S. 66).

[9] Gem. St. Anton, heute Hollenstein 22. Von 1922 auf 1923 war das Ehepaar Harreiter kurze Zeit Pächter des Frankenfelser Bauernhofes Groß-Walz, Karrotte 7, und lebte von da an bis 1970 ständig auf dem Wintereckhäusl (Bernhard Gamsjäger, wie Anm. 7, S. 151ff.).

[10] Bezirksgericht in den Räumen des Schlosses Kirchberg.

[11] Ein derartiges Verhalten von Eltern in Notzeiten war kein Einzelfall (vgl. Ernst Hanisch, Der lange Schatten des Staates, in: Herwig Wolfram, Österreichische Geschichte 1890 -1990, Wien 1994, S. 299f.: „... die kleinen Kinder werden von ihnen auf den Schreibtisch gesetzt und es wird gesagt: wenn ihr uns keine Hilfe bringen könnt, so nehmt die Kinder, macht mit ihnen, was ihr wollt.“).

[12] Bis nach dem Zweiten Weltkrieg hatten die meisten Bauern des Voralpengebietes

eine eigene Hausmühle, die mehr oder weniger weit abseits des Hofes an einem Bächlein lag. In unserem Fall sind die Mühlen der Höfe Hofstatt und Grub auf dem Schlagerboden, Hollenstein 5 und 8, Gem. St. Anton, gemeint.

[13] Diese kleinen, süßen Birnen sind in der zweiten Augusthälfte reif. Sie werden in Niederösterreich bereits im 17. Jhdt. in Wolf Helmhard von Hohbergs Georgica Curiosa als „Nägewitzbirn" genannt (Heimo Cerny, Der Most, Amstetten 1996, S. 21). Castelli schreibt in seinem „Idioticon": „Nagawidz, eine Gattung kleiner, süßer, saftiger Birnen" (Ignaz Franz Castelli, Gedichte in niederösterreichischer Mundart, in: I. F. Castelli's sämmtliche Werke, Bd. 11, Wien 1845, S. 242, 243, 282). Der Name dürfte aus dem Tschechischen kommen: Ikawitz, Nikawitz = „etwas Kleines" nach „jikavic", der Bergfink (Wörterbuch der Bairischen Mundarten in Österreich, Bd. 3, S. 210f.), wahrscheinlicher jedoch nach dem Ortsnamen Nikovice = Nikowitz (Johann Neumann, Tschechische Familiennamen in Wien, Wien 1977, S. 152).

[14] Diese Form des Kaffee-Ersatzes war bis zum Zweiten Weltkrieg in ganz Österreich verbreitet (Edith Hörandner, Morgenmahlzeiten werktags im Sommer vor dem Ersten Weltkrieg, in: Richard Wolfram und Ingrid Kretschmer, Österreichischer Volkskundeatlas, 6. Lfg./2. Teil, Wien 1979, Bl. 105, S. 31ff.).

[15] Fragner waren Kleinhändler, die ihre bei den Bauern erstandenen Produkte an Lebensmittelgeschäfte in größeren Orten verkauften oder dort direkt vermarkteten (Pfragen = Marktbude, vom althochdeutschen Wort phragina = Schranke, die wohl die Abgrenzung des Marktbereiches andeutete; Grimm, wie Anm. 4, Bd. 13, Sp. 1792; vgl. Gamsjäger, wie Anm. 7, S. 25, 195, 396, 415).

[16] Weiden im südlichen Gemeindegebiet von St. Anton (vgl. Otto Mühlwanger, 100 Jahre Alm Hochbärneck 1898-1998, St. Anton, oJ).

[17] Um den Kindern den weiten Weg zu ersparen, wurde 1937 auf dem Schlagerboden eine Schulexpositur eingerichtet (Gottfried Waser, 200 Jahre Pfarre St. Anton/J., St. Anton, oJ, S. 22).

[18] Dort und da gab es bis nach dem Zweiten Weltkrieg Kalköfen und fast jedes Haus hatte eine Kalkgrube, in der der gelöschte Kalk aufbewahrt wurde (vgl. Gamsjäger,

wie Anm. 7, S. 46, 158, 176, 328, und Gamsjäger und Langthaler, wie Anm. 2, S. 224). Die ersten Kalköfen gehörten der Herrschaft Weißenburg und werden um 1655 in Sulzbichl, Gem. Puchenstuben, und Weißenbach, Gem. Frankenfels, genannt (Gamsjäger und Langthaler, wie Anm. 2, S. 27, 107, 113). Zur Kalkgewinnung allgemein siehe Hiltraud Ast, Die Kalkbrenner am Ostrand der Alpen, NÖ Volkskunde 9, Gutenstein 1977.

19 Krautkopf und getrocknete Birne.

20 Der Zeiselwagen ist ein „leichtes, gefedertes Fahrzeug mit einer 150-200 cm langen, truhenförmigen Ladefläche" (Olaf Bockhorn, Bäuerliche Fahrzeuge aus dem Mühlviertel, Eine volkskundliche Untersuchung aus den Jahren 1966-1968, Beiträge zur Landeskunde von Oberösterreich I, Linz 1988, S. 57, Taf. XXI/2, 3).

21 matschkern = Tabak kauen.

22 Halte = Weideplatz des Viehs (Grimm, wie Anm. 4, Bd. 10, Sp. 274).

23 Bauernhof Fahrngrub, Hollenstein 7, Gem. St. Anton.

24 Vom „Geistern im Wintereckhaldl" berichten zwei Erzählungen, aus anderen Gegenden des Bezirkes auch vom „Mann ohne Kopf" (Hannelore und Helmut Fielhauer, Die Sagen des Bezirkes Scheibbs, Scheibbs 1975, S. 86, Nr. 208, 209, S. 94f., Nr. 239, 240).

25 Das Ernten des im Herbst auf dem Waldboden liegenden Laubes mittels Rechen und dessen Verwendung als Stallstreu war im besprochenen Gebiet bis in die sechziger Jahre üblich. Da dadurch dem Boden Nährstoffe entzogen werden, wurde die Streunutzung seit dem ausgehenden Mittelalter durch Waldordnungen und seit dem vorigen Jhdt. durch Forstgesetze immer wieder geregelt (vgl. Franz Hafner, Mehrfachnutzungen des Waldes, in: Österreichs Wald in Vergangenheit und Gegenwart, Wien 1983, S. 85, 285).

26 Siehe Anm. 23.

27 „Anwand" von den mittelhochdeutschen Wörtern „anewande" und „anewant", der

Ackerrand, wo man mit dem Pflug wendet (Grimm, wie Anm. 4, Bd. 1, Sp. 513f.).

28 Bichl, Hollenstein 6, Gem. St. Anton.

29 Derartige Arbeitsabkommen zwischen Bauern und Kleinhäuslern gab es in den Voralpen bis in die sechziger Jahre. Durch die Technisierung der Landwirtschaft, die Umstellung auf Grünlandwirtschaft und die steigende Kaufkraft gehören diese Gemeinschaftsarbeiten heute der Vergangenheit an (vgl. auch Roland Girtler, Sommergetreide, Wien-Köln-Weimar 1996, S. 225ff.).

30 In den Jahren 1929 bis 1932 war die Arbeitslosenrate in Österreich von 8,8 auf 21,7 bzw. 27 % (pessimistische Schätzung) angestiegen (Fritz Weber, Die wirtschaftliche Entwicklung, in: Emmerich Tálos u. a., Handbuch des politischen Systems Österreichs, Erste Republik 1918-1933, Wien 1995, S. 25).

31 So wird der Roggen in der Mundart genannt.

32 Refrain des Liedes „Wia lustig, daß's in Alman is" (Walter Deutsch, Das alpenländische Liederbuch, Wien 1979, S. 74).

33 Gamsjäger, wie Anm. 7, S. 287, Abb. 173.

34 Bernhard Gamsjäger und Ernst Langthaler, wie Anm. 2, S. 208, Abb. 151, S. 586; Gamsjäger, wie Anm. 7, S. 276, Abb. 168.

35 Der Gerber legte die Häute mit der zerstoßenen Fichtenrinde – Gerberlohe – lagenweise in Wasserbottiche, sodaß sich der Gerbstoff löste und ins Leder drang. Der Vorgang des Lohgerbens dauerte Monate bis Jahre (vgl. Anm. 7, S. 268).

36 Wintereckhäusl, Laubenbachgegend 16, Gem. Frankenfels (Gamsjäger, wie Anm. 7, S. 183f., Abb. 110).

37 Hollensteinhäusl, Laubenbachgegend 4, Gem. Frankenfels. Der Vulgoname Schädlhütte entstand im 19. Jhdt., vielleicht war auf dem Haus einmal ein Tierschädel angebracht.

38 Familie Plasch baute 1918 die ehemalige Brandlmühle, Laubenbachgegend 15, Gem.

Frankenfels, zu einem Kaufhaus um.

39 Diese „Aktion Winterhilfe“ zugunsten „Ausgesteuerter“ und „kinderreicher Arbeitsloser“ wurde aus „Spenden der ortsansässigen Bevölkerung, staatlichen Zuschüssen“ und Geldmitteln von Gemeinden aufgebracht (Emmerich Tálos, wie Anm. 30, S. 597).

40 Fruchtlimonade.

41 Wohlfahrtsschlag 16, Gem. St. Anton. Bei Vulgonamen ist die Kombination von Vorname und Hofname häufig, hier „zum Gruben-Florian“.

42 Holztrog, in den das geschlachtete Schwein zum Enthaaren gelegt wird.

43 Wohlfahrtsschlag 18, Gem. St. Anton.

44 Eine Suppe aus saurer Milch, auch „Stoßsuppe“ geschrieben. Die Silbe „što“ leitet sich vom slawischen Wort „štava“ ab und bedeutet „sauer“ (Edith Hörandner, Morgenmahlzeiten, wie Anm. 14, S. 14).

45 Das Haus Hollenstein 2 heißt im Volksmund im Unterschied zum benachbarten Laubenbachrotthaus, Hollenstein 3, „Laubenbach-Schneider“, weil hier vom 18. bis in die erste Hälfte unseres Jhdts. Schneidermeister lebten (NÖ Landesarchiv, BG Kirchberg 5/8d, Grundbuch der fürstl. Antonia Corsinischen Hft. Weißenburg, Amt Frankenfels, 2. Teil, Kleinhäuser, fol. 311; Bezirksgericht Scheibbs, Grundbuch Wohlfahrtsschlag, EZ 34).

46 Patenkinder.

47 Ödrotte 9, Gem. Frankenfels (Gamsjäger, wie Anm. 7, S. 307).

48 Volkstümliches Lied nach einem Gedicht des Wiener Beamten und Dichters Joseph Christian Freiherr von Zedlitz, 1832 (Hartmann Goertz und Gerlinde Haid, Die schönsten Lieder Österreichs, Wien-Heidelberg 1979, S. 20).

49 Ein Teil der Roggengarben wurde im Herbst auf der Tenne „ausgeschlagen“, indem

man die Ähren gegen ein hölzernes Gestell schlug, damit das Korn herausfiel. Diese ausgeschlagenen Garben oder „Schiedan“ zog man durch einen großen Rechen, sodaß das lange Stroh übrigblieb. 15 bis 20 derart behandelte Garben wurden dann mit einem Strohband zu einem „Schab“ zusammengebunden. 60 „Schab“ wiederum ergaben einen Schober. Dieser stand im Freien und diente zur Aufbewahrung des Schabstrohs, bis es zum Decken oder Ausbessern eines Strohdaches verwendet wurde (Gewährsmann Sepp Prammer, Ober-Hehenberg, Gem. Frankenfels, Tonbandaufnahme durch Werner Bauer und Erika Kühn von der Kommission für Mundartkunde und Namenforschung der Österreichischen Akademie der Wissenschaften vom 29.10.1983).

[50] Besitzer des Bauernhofes Köthl, Wohlfahrtsschlag 25, Gem. St. Anton.

[51] Vgl. Anm. 36.

[52] „soacha“ = Harn lassen, urinieren.

[53] Um die Wasserleitung für das Elektrizitätswerk Gaming der Gemeinde Wien nutzbar zu machen, errichtete man 1923 bis 1925 einen von der ursprünglichen Trasse nördlich abweichenden „neuen Stollen“ (Friedrich Trauth, Geologie des Kalkalpenbereiches der Zweiten Wiener Hochquellenleitung, Abhandlungen der Geologischen Bundesanstalt in Wien, Bd. 26/1, Wien 1948, S. 3f., 59, Taf. VI, VIII).

[54] „Hilfsarbeiter“ vom tschechischen Wort „poroba“ = Knechtschaft, Fron (Mauriz Schuster, Alt-Wienerisch, Wien 1984, S. 115).

[55] „Grodnkraut“ nennt man im Dialekt die auf trockenen Wiesen und Wegrändern wachsende Zypressen-Wolfsmilch (Marguerite Klein-Soukop, Volkstümliche Pflanzennamen im Gebiet der Gemeinde Frankenfels – Niederösterreich, Diplomarbeit, Wien 1992, S. 73).

[56] Nach dem Bauernhaus Hofeck, Wohlfahrtsschlag 23, Gem. St. Anton, benannt.

[57] Wohlfahrtsschlag 21, Gem. St. Anton.

[58] Bis in die erste Hälfte des 20. Jhdts. gab es in den niederösterreichischen Voralpen

viele kleine Bergbaue auf Lunzer Steinkohle. Der alte Stollen gehörte zu dem ehemaligen Bergwerk am Kögerl (Kogel) im Tal des Kniebichlbaches, vulgo Ortgraben, welches in der zweiten Hälfte des 19. Jhdts. im Besitz des Kienberger Wagenachsenfabrikanten Josef Heiser (1809-1895) stand (Marcus Vincenz Lipold, Das Kohlengebiet in den nordöstlichen Alpen, Jahrbuch der Geologischen Reichs-Anstalt, Bd. 15/1, Wien 1865, S. 121; Die Mineralkohlen Österreichs, Wien 1878, S. 13f; Gustav Otruba, Überblick und Entwicklung des Niederösterreichischen Bergbaus von seinen Anfängen bis zur Gegenwart, in: Andreas Kusternig, Bergbau in Niederösterreich, Studien und Forschungen aus dem NÖ Institut für Landeskunde, Bd. 10, Wien 1987, S. 222; Hans Hagen Hottenroth, In memoriam, Heimatkunde des Bezirkes Scheibbs, Bd. 4, Scheibbs 1984, S. 118f.).

[59] Wie Anm. 50.

[60] Unteroffiziersgrad im Range eines Wachtmeisters.

[61] Artillerie ist die Truppengattung mit Geschützen.

[62] Spinde sind schmale Kästen, die vor allem in Kasernen und Garderoben von Schulen verwendet werden.

[63] Kanonier ist der niedrigste Rang bei der Artillerie, ein Soldat, der das Geschütz bedient.

[64] Bei der Artillerie heißt die Kompanie „Batterie“.

[65] „Spieß“ wird von der Mannschaft der dienstführende Unteroffizier einer Kompanie genannt.

[66] Text: G. W. Harmssen, Musik: H. Höhne 1922 (Ernst Klusen, Deutsche Lieder, Frankfurt a. M. 1980, S. 177).

[67] Volkslied (Singen ohne Grenzen, mit Gitarreanleitung, Lieder, Songs und Gospels, Bd. 3, München-Wien u. a. 1984, S. 21).

[68] Volkslied aus dem 19. Jhdt., im 20. Jhdt. als Soldatenlied verbreitet (Ernst Klusen,

Deutsche Lieder, Frankfurt a. M. 1980, S. 393, 836).

69 „Schleifen" heißt das Schinden der Soldaten beim Exerzieren.

70 Die Lafette ist ein fahrbares Untergestell für Geschütze.

71 Wasserwaage.

72 In der lokalen Mundart heißt es nicht „der Ball" sondern „das Ball".

73 Infanterie ist die Fußtruppe.

74 Offizier, der für Verpflegung, Nachschub und Instandsetzung verantwortlich ist.

75 Von den Städtern werden die Landbewohner gerne „Gscherte" genannt, womit der einst geschorene, untertänige Bauer im Gegensatz zum langhaarigen Freien gemeint ist (Günther Jontes, Das große österreichische Schimpfwörterbuch, Fohnsdorf 1987, S. 156).

76 Darunter versteht man einen aufdringlichen Wiener, einen Besserwisser, freundschaftlich gemeint kann der Ausdruck auch für „Tausendsassa" stehen. Das Wort könnte die Abkürzung für „Lumpazivagabundus" aus Nestroys gleichnamigem Stück sein (Günther Jontes, wie Anm. 75, S. 38).

77 „Krad" ist die militärische Abkürzung für „Kraftrad", also ein Motorrad.

78 Wirtschaftsunteroffizier, der für Unterkunft und Verpflegung sorgt.

79 „Bolschewik", eine abschätzige Bezeichnung für Kommunist (Duden, Rechtschreibung der deutschen Sprache und der Fremdwörter, Mannheim [18]1980, S. 169, Sp. 2), bedeutet nach dem russischen Wort „bolschinstwo" eigentlich „Mehrheit" und geht auf die Anfänge des russischen Kommunismus unter Lenin zurück.

80 Am Sonntag, den 22. Juni 1941 griff Deutschland die Sowjetunion ohne vorherige Kriegserklärung an (Janusz Piekalkiewicz, Der Zweite Weltkrieg, Bd. 2, Düsseldorf und Wien 1985, Lizenzausgabe 1986, S. 496).

[81] „Troß“ oder „Train“ nannte man die Nachschub- und Instandsetzungseinheit.

[82] Neben dem deutschen Ortsnamen stehen die russische und die seit 1991 wieder eingeführte ukrainische Bezeichnung (Ernst Lüdemann, Ukraine, München 1995, S. 63, 159).

[83] In Schitomir wurden im Zuge der „Liquidierung des Ghettos“ im Frühherbst 1941 in den Vorstädten 18 000 Juden erschossen (Janusz Piekalkiewicz, wie Anm. 80, S. 479). Judenpogrome hatte es bereits unter den Zaren gegeben. Einige Monate nach Einmarsch der deutschen Armee waren in der Ukraine – oft unter Mithilfe der örtlichen Bevölkerung – bereits an die 850 000 jüdische Menschen umgebracht worden (Ernst Lüdemann, Ukraine, München 1995, S. 58f.).

[84] In Österreich wurden 1933 sogenannte „Anhaltelager“ eingerichtet, in denen man politische Gegner der Regierung Dollfuß – Kommunisten, Nationalsozialisten und Sozialdemokraten – internierte; das größte war in Wöllersdorf bei Wiener Neustadt (Hugo Portisch und Sepp Riff, Österreichs I, Die unterschätzte Republik, Wien 1989, S. 434f.).

[85] Die in Österreich erst seit 1993 anerkannte Volksgruppe der Roma und Sinti – abwertend „Zigeuner“ genannt – sollte im Dritten Reich ebenfalls „ausgelöscht“ werden (Manfred Scheuch, Bedrohte Völker, Wien 1995, S. 186ff.).

[86] Am Sonntag, den 14. September 1941 schloß sich östlich von Kiew/Kyjiv der von deutschen Truppen um die Verbände der sowjetischen Südwestfront gebildete Kessel (Janusz Piekalkiewicz, wie Anm. 80, S. 516).

[87] Am Freitag, den 26. September 1941 endete die größte Vernichtungsschlacht des Jahres. Dabei wurden 665 000 Rotarmisten gefangengenommen (Janusz Piekalkiewicz, wie Anm. 80, S. 518).

[88] Heeresdienstvorschrift.

[89] „Aufpflanzen“ heißt, das Bajonett auf die Mündung stecken, sodaß das Gewehr auch als Stichwaffe verwendet werden kann.

[90] Umgangssprachlicher Ausdruck für „Soldat“.

[91] Es ist anzunehmen, daß die Menschen in den Dörfern eher ukrainisch sprachen. Das Ukrainische ist eine eigene slawische Sprache, die in der Wortlehre Ähnlichkeiten mit dem Polnischen aufweist und im Sinne einer großrussischen Ideologie unter den Zaren im 18. und 19. Jhdt. und auch unter Stalin und Breschnew in unserem Jhdt. unterdrückt wurde. Die Mächtigen verbreiteten die Meinung, es sei ein „Bauerndialekt“, während sich ukrainische Intellektuelle zu allen Zeiten für eine eigene Sprache und Literatur einsetzten (Ernst Lüdemann, Ukraine, München 1995, S. 51ff., 56f., 62, 113f.).

[92] Anfang Oktober 1941 wurde das Land durch Dauerregen in eine Schlammwüste verwandelt (Janusz Piekalkiewicz, wie Anm. 80, S. 523f.).

[93] „Vor der Kaserne“ oder „Laternenlied“, Text: Hans Leip 1915, Musik: Norbert Schultze 1938; gesungen von Lale Andersen. „Das Lied war 1942 in der d(eu)t(schen) Wehrmacht trotz nationalsozialistischer Unterdrückungsversuche und später auch international verbreitet“ (Ernst Klusen, Deutsche Lieder, Frankfurt a. M. 1980, S. 554f., Anhang). „Der ungeheure Erfolg des Laternenliedes beruht sicherlich zunächst in seiner geheimnisvollen, unwägbaren Macht, ungezählten Soldaten aus dem Herzen zu singen und zu sagen, was sie halb unbewußt bewegte und bedrückte“ (Hans Commenda, Was das Volk singt, Jahrbuch des Österreichischen Volksliedwerkes, Bd. 9, Wien 1960, S. 17).

[94] Text und Musik: J. Scheu 1934 (Ernst Klusen, wie Anm. 93, S. 544).

[95] Am Sonntag, dem 15. November 1941 ging an der Ostfront die Schlammperiode zu Ende (Janusz Piekalkiewicz, wie Anm. 80, S. 525).

[96] Am Morgen des 7. Dezember 1941 griffen von Flugzeugträgern aus 353 japanische Maschinen den amerikanischen Stützpunkt auf Hawaii an, wobei 60 % der Schlachtschiffe versenkt oder beschädigt und 188 Flugzeuge zerstört wurden. 2403 Offiziere und Mannschaften kamen dabei ums Leben, 1178 wurden verwundet. Die japanischen Verluste waren mit fünf Torpedobombern, 15 Stukas, neun Jägern, fünf

Klein-U-Booten mit Besatzung und 55 Fliegern relativ gering. Bei dem Angriff wurden 138,5 Tonnen Bomben und Torpedos abgeworfen bzw. eingesetzt (Janusz Piekalkiewicz, wie Anm. 80, S. 551ff.).

97 Janusz Piekalkiewicz, wie Anm. 80, S. 599ff.

98 Diese Redewendung hat auch die Bedeutung „Mit Gott!“ bzw. „Glück auf!“

99 Am 22. November 1942 schloß sich bei Kalatsch der Ring um Stalingrad (Janusz Piekalkiewicz, wie Anm. 80, S. 605).

100 Nach dem englischen Admiral Vernon (Spitzname „Old Grog“, wegen seines Kamelhaarüberrocks = engl. grogram) benanntes heißes Getränk aus Rum oder Schnaps mit Zucker und Wasser (Günther Drosdowski und Paul Grebe, Etymologie, Herkunftswörterbuch der deutschen Sprache, Bd. 7 der Ausgabe „Der große Duden“, Mannheim/Wien/Zürich 1963, S. 237).

101 Trinklied, das zu fortgeschrittener Stunde angestimmt wird, wobei sich jeder und jede der Anwesenden beim Absingen des Geburtsmonats erheben muß und sein/ihr Glas in einem Zug zu leeren hat.

102 Am 31. Jänner 1943 kapitulierte General Paulus (Südkessel) und begab sich mit seinem Stab in sowjetische Kriegsgefangenschaft, am 2. Februar d. J. gaben auch die Verteidiger des Nordkessels unter General Strecker den Kampf auf (Janusz Piekalkiewicz, Der Zweite Weltkrieg, Bd. 3, Düsseldorf und Wien 1985, Lizenzausgabe 1986, S. 755, 756).

103 Lied und langsamer Walzer aus Willy Forsts Film „Burgtheater“, Text: Harry Hilm, Musik: Peter Kreuder 1936.

104 In der Nacht vom 23. auf den 24. August 1939 wurde in Moskau zwischen der Sowjetunion und Deutschland ein Nichtangriffspakt unterzeichnet, wodurch einerseits Deutschland freie Hand für den geplanten Polenfeldzug erhielt und andererseits der Sowjetunion die baltischen Staaten und Bessarabien zugesprochen wurden (Janusz Piekalkiewicz, Der Zweite Weltkrieg, Bd. 1, Düsseldorf und Wien 1985,

Lizenzausgabe 1986, S. 61).

[105] Vgl. Anm. 76.

[106] Am 26. Juli 1943 entschloß sich die deutsche Führung, den Frontvorsprung bei Kursk und Orel zu räumen, wobei der Rückzug nicht mehr geordnet vor sich gehen konnte (Janusz Piekalkiewicz, wie Anm. 102, S. 773).

[107] Propagandaminister Goebbels hatte am 18. Februar 1943 in einer Rede im Berliner Sportpalast den „totalen Krieg" proklamiert, indem er die Bevölkerung aufforderte alles für den Sieg einzusetzen (Christine Klusacek, Herbert Steiner und Kurt Stimmer, Hg., Dokumentation zur österreichischen Zeitgeschichte 1938-1945, Wien-München [3]1980, S. 385f.).

[108] Am 6. Juni 1944 landeten britische und amerikanische Truppen in der Normandie. Diese Invasion hatte den Namen „Overlord" und führte mit Unterstützung der französischen Widerstandsbewegung in fünf Wochen zur Befreiung Frankreichs und eines Großteils von Belgien (Janusz Piekalkiewicz, wie Anm. 102, S. 933ff.; Christine Klusacek u. a., wie Anm. 107, S. 338).

[109] Wachtmeister Platzek heißt der als „Schleifer geschilderte Ausbildner im 1. Band von Hans Hellmut Kirsts verfilmter Romantrilogie „Null-acht-fünfzehn" („08/15") (Hans Hellmut Kirst, Die abenteuerliche Revolte des Gefreiten Asch, München-Wien-Basel 1954).

[110] Am 20. Juli 1944 hatte Oberst Graf von Stauffenberg im Führerhauptquartier „Wolfsschanze" in Ostpreußen eine Sprengladung mit Zeitzünder angebracht, die jedoch Hitler nur leicht verletzte. Die Verschwörer wurden entweder sofort erschossen oder in Schauprozessen hingerichtet. Unmittelbar danach kam es zu Massenverhaftungen, Zehntausende „Unzuverlässige" kamen in Gefängnisse oder Konzentrationslager (Christine Klusacek u. a., wie Anm. 107, S. 365ff.).

[111] Geheime Staatspolizei.

[112] Am Sonntag, den 16. Dezember 1944 begann zwischen dem Hohen Venn in der Eifel

(692 m) und dem Norden von Luxemburg die deutsche Ardennen-Offensive (Janusz Piekalkiewicz, wie Anm. 102, S. 958ff.).

113 Am 25. Dezember 1944 riet Generalfeldmarschall von Rundstedt Hitler, die deutschen Truppen wieder auf den Westwall zurückzunehmen. Hitler war jedoch für eine Fortsetzung des Unternehmens (Janusz Piekalkiewicz, wie Anm. 102, S. 961).

114 „Panzer rollen in Afrika vor" lautete nach J. Harreiter der ursprüngliche Titel des obigen Liedes, das in keinem Liederbuch gefunden werden konnte. „Wir werden weiter marschieren ..." ist der Refrain des Liedes „Es zittern die morschen Knochen", Text und Melodie: Hans Baumann (Soldatenliederbuch, München [7]1942, S. 61). Beide Lieder sind deutschnationalen Inhalts.

115 Am 12. März 1938 fand der Anschluß Österreichs an das nationalsozialistische Deutschland statt.

116 Der sowjetischen Besatzungszone gehörten Niederösterreich, das Burgenland und das oberösterreichische Mühlviertel an (Manfried Rauchensteiner, Der Sonderfall – Die Besatzungszeit in Österreich 1945 bis 1955, Wien 1985, Karte auf S. 418f.).

117 Dialektausdruck für „Angeheitertsein" (Wolfgang Teuschl, Wiener Dialektlexikon, Wien 1990, S. 218).

118 Bairisch-österreichische Redensart für „seine sieben Sachen", also seine wenigen Habseligkeiten (Lutz Röhrich, Das große Lexikon der sprichwörtlichen Redensarten, Bd. 3., Freiburg im Breisgau 1992, S. 1474).

119 „Stiften gehen" bedeutet in der Soldatensprache „davonlaufen" (Jakob und Wilhelm Grimm, Deutsches Wörterbuch, dtv-Nachdruck der Erstausgabe 1854-1971, München 1984, Bd. 18, Sp. 2890).

120 Abkürzung für Dichlor-diphenyl-trichlormethylmethan, ein Insektenvertilgungsmittel, das nach dem Zweiten Weltkrieg – aus Amerika kommend – auch bei uns verwendet wurde, bis man dann in den sechziger Jahren seine gefährlichen Nebenwirkungen feststellte (Godfrey Hodgson, Unser Jahrhundert, Bd. 2, Rheda-

Wiedenbrück-Wien-Zug 1996, S. 182).

[121] Franz Hösl, vulgo Fischbacher, Fischbachmühlrotte 1 (Bernhard Gamsjäger, Frankenfelser Häuserbuch, Frankenfels 1987, S. 61f., Abb. 32).

[122] Das Hollensteinhäusl, Laubenbachgegend 3, Gem. Frankenfels, wird aufgrund der Besitzer „Kaiser" genannt (Bernhard Gamsjäger, wie Anm. 121, S. 165f.).

[123] Johann Mentil, Hofstattgegend 20, Gem. Frankenfels.

[124] * 1.10.1924, Eltern: Franz Kaiser (* 19.5.1883 in Frankenfels, † 1.10.1941 in Frankenfels) oo 21.8.1916 Josefa Gonaus (* 16.1.1888 in Kirchberg an der Pielach, † 25.3.1955 in Frankenfels).

[125] Bernhard Gamsjäger, wie Anm. 121, S. 165f., Abb. 98.

[126] Es handelte sich bei diesen Flüchtlingen aus Südosteuropa großteils um deutschsprachige Menschen (Ernst Langthaler, Umbruch im Dorf? Ländliche Lebenswelten von 1945 bis 1950, in: Reinhard Sieder, Heinz Steinert und Emmerich Tálos, Hg., Österreich 1945-1995, Gesellschaft, Politik, Kultur, Wien 1995, S. 45). Bezüglich der Ochsen vgl. eine Abbildung in Hugo Portisch und Sepp Riff, Österreich II, Die Wiedergeburt unseres Staates, Wien 1985, S. 62, 63.

[127] Josef Buchinger, Das Ende des 1000jährigen Reiches, Dokumentation über das Kriegsgeschehen in der Heimat, 1. Bd., Wien 1972, 219ff., 246f.

[128] Die Häftlinge kamen aus dem Lager Mödling-Hinterbrühl (Projektgruppe der Hauptschule Frankenfels, Hg., Auf den Spuren der vergessenen Opfer, Der Mord an Kz-Häftlingen in Frankenfels 1945, Frankenfels 1995, S. 3f.).

[129] Bernhard Gamsjäger, wie Anm. 121, S. 168, Abb. 99.

[130] Die Leichen wurden dann von Frankenfelser Volkssturmmännern an Ort und Stelle beerdigt, deren Ortsangaben allerdings nicht ganz mit der Erzählung von Josefa Heindl übereinstimmen. Dem Protokoll zufolge lag ein Toter „20 Meter gegenüber der Gabauer Säge", der zweite bei der „Gschlößlkohlstatt" und der dritte „50 m ost-

wärts des Hauses Josefa Kaiser". Während der Mann bei der Gschlößl-Kohlstatt durch Brustschüsse getötet worden war, kamen die beiden anderen durch Genickschüsse ums Leben (Projektgruppe der Hauptschule Frankenfels, wie Anm. 128, S. 5, 6; vgl. Ernst Langthaler, Das Frankenfelser Gedächtnis, in: Bernhard Gamsjäger und Ernst Langthaler, Hg., Das Frankenfelser Buch, Frankenfels 1997, S. 296).

131 Am 8. Mai 1945 unterzeichnete Generaloberst Jodl vom Oberkommando der deutschen Wehrmacht um 2.41 Uhr nachts im Hauptquartier des amerikanischen Generals Eisenhower in Reims die Kapitulationsurkunde, womit in Europa der Zweite Weltkrieg zu Ende war (Christine Klusacek, Herbert Steiner und Kurt Stimmer, Hg., Dokumentation zur österreichischen Zeitgeschichte 1938-1945, Wien [3]1980, S. 552f.).

132 Wohlfahrtsschlag 26, Gem. St. Anton.

133 Wintereckhäusl, Laubenbachgegend 16, Gem. Frankenfels (Bernhard Gamsjäger, wie Anm. 121, S. 183f.).

134 Vgl. Marianne Baumgartner, Zwischen Mythos und Realität, Die Nachkriegsvergewaltigungen im sowjetisch besetzten Mostviertel, Unsere Heimat 1993/2, S. 73ff.

135 Der ältere Name für das oberste Natterstal ist „Sautal". Hofegger wohnte auf dem Langseithäusl, Bergrotte 13, Gem. Puchenstuben.

136 „In den Jahren sowjetischer Besatzung wurden zahlreiche Österreicher unter dem Verdacht der Spionage von der Straße weg verhaftet, aus den Wohnungen geholt und nach Drangsalierungen im Sowjetgefängnis in Baden von geheimen Tribunalen zu langjährigen Lagerstrafen in der Sowjetunion verurteilt" (Ernst Bezemek, „Der lange Weg zur Freiheit", Der Bezirk Hollabrunn unter sowjetischer Besatzung, in: Ernst Bezemek und Willibald Rosner, Vergangenheit und Gegenwart, Der Bezirk Hollabrunn und seine Gemeinden, Hollabrunn 1993, S. 223).

137 Dieser Ball findet in dem genannten Gasthaus auf Markt 5 seit 1921 bis heute am Faschingmontag statt (Hubert Größbacher und Bernhard Gamsjäger, Der Bauernbund, in: Bernhard Gamsjäger und Ernst Langthaler, wie Anm. 130, S. 403).

[138] Die nächste sowjetische Kommandantur war in Scheibbs (Ernst Langthaler, Das Frankenfelser Gedächtnis, wie Anm. 130, S. 299).

[139] „Grummet“ (Grünmahd), mundartlich „groamad“, wird die zweite Mahd der Wiesen genannt, die in dieser Gegend damals im August erfolgte. Gegenüber der ersten Mahd, dem Heu, weist das Grummet im getrockneten Zustand eine sattere Grünfarbe auf (Jakob und Wilhelm Grimm, wie Anm. 119, Bd. 9, Sp. 637).

[140] Es handelt sich um ein kleines Schienenfahrzeug, das analog zu einem Fahrrad mittels Treten bewegt wurde.

[141] Die Bewohner des Marktes Frankenfels wurden von den im Streusiedelgebiet lebenden Frankenfelserinnen und Frankenfelsern mit den Worten „Marktler, Bessere, Bürgerliche“ charakterisiert.

[142] Die nicht geladenen Zuschauer bei einer Hochzeit werden „Hochzeitsgaffer“ genannt.

[143] Bernhard Gamsjäger, wie Anm. 121, S. 235, Abb. 142.

[144] Niederer entstammt einer Musikerfamilie und ist heute Gastwirt in Ruhe (vgl. Bernhard Gamsjäger, 50 Jahre Josefsberg, Musikverein Ötscherland, Hg., Frankenfels 1998).

[145] Neue Kronen-Zeitung, 21.6.1996, S. 14 („Glocknerkönig“ ist rüstige 75 Jahre alt), 14.9.1996 („Ich habe den Herzinfarkt besiegt“), 26.11.1998, S. 3 (St. Pöltner Senior schwört auf den Radsport, um fit zu bleiben).

[146] Vgl. Roland Girtler, Sommergetreide, Wien-Köln-Weimar 1996.

[147] In der Reihe „Damit es nicht verlorengeht...“ werden seit 1983 von Michael Mitterauer und Mitarbeiter/innen am Institut für Wirtschafts- und Sozialgeschichte der Universität Wien gesammelte lebensgeschichtliche Aufzeichnungen herausgegeben (Michael Mitterauer, „Aber arm wollte ich nicht sein“, in: Hubert Ch. Ehalt, Hg., Geschichte von unten, Kulturstudien, Bd. 1, Wien-Köln-Graz 1984, S. 148).

Edition Weinviertel

Gira Ernestine:
„Va iwaroi a bißl wos“

Mundarttexte
Broschur,
75 Seiten,
illustriert

Lebeda Johanna:
„Distl am Roan“

Mundarttexte
Gebunden,
160 Seiten,
1 Farbbild

Madlmayr Anna:
„... und trotzdem war es eine schöne Zeit.“

Erinnerungen an eine Bergbauernkindheit 1941 - 1951
Gebunden,
210 Seiten + 27 SW-Fotos

Mensch Jakob u. Adele:
„Bei uns im Puikautoil“

Mundarttexte
Broschur,
78 Seiten,
18 Farb- u. Schwarz-Weiß-Fotos

Neumayer Elisabeth:
„Herz und Sterz"

Gedichte
und Kurzgeschichten

Gebunden,
210 Seiten,
illustriert

Ofenböck Gisela:
„Die kleine Welt
meiner Kindheit"

Erinnerungen
an die Nachkriegszeit

Gebunden,
160 Seiten,
17 Seiten Bildteil

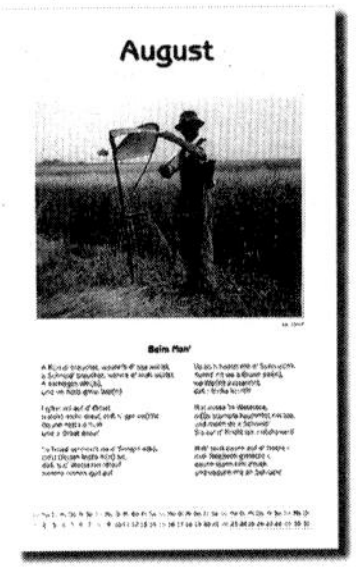

Salvesberger
Michael Hans:
„Weinviertler Hauskalender"

Wandkalender;
verschiedene Jahrgänge
Mundarttexte zu Fotos
aus dem dörflichen Alltag
früherer Zeit

Schober
Leopold u. Franz:
„Briefe von der Front"

Briefe zweier Weinviertler
Bauernsöhne
aus dem 2. Weltkrieg
Broschur,
320 Seiten, 8 Seiten Bildteil

Schöffl-Pöll Elisabeth:
„Klatschmohn rot rot rot"

Bilderbogen einer Weinviertler
Kindheit

Broschur, 72 Seiten,
8 Farbbilder

Bibliophile Ausgabe: gebunden,
numeriert u. handsigniert